C. 32

Cat. Tiphaigne de la Roche

R 2571
B.I.

12914

BIGARRURES

PHILOSOPHIQUES.

PREMIERE PARTIE.

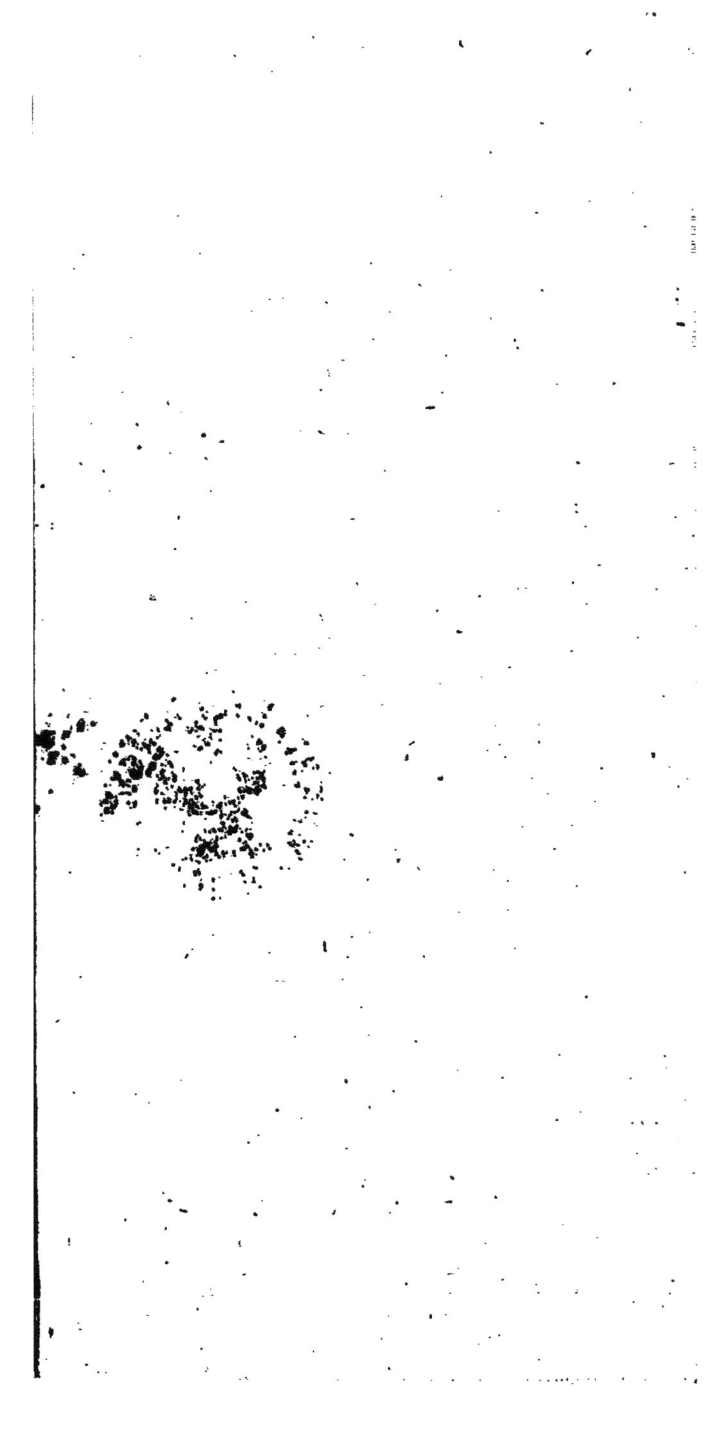

BIGARRURES

PHILOSOPHIQUES.

PREMIERE PARTIE.

A AMSTERDAM & A LEIPSICK.

Chez ARKSTÉE & MERKUS.

M. DCC. LIX.

PRÉFACE.

D E S mêlanges de férieux &
de badinage, de fables & de
vérités, de difcours, de dif-
fertations, de dialogues, &c.
méritent affez le nom de *Bi-*
garrures : & des bigarrures
qui roulent prefque fans fin
fur la Phyfique, la Morale,
la Métaphyfique, ne peuvent
être que *philofophiques.*

Le but principal de l'Au-
teur eft de paffer en revue les

a iij

syftêmes courans, & d'indiquer le dégré de confiance qu'on doit y avoir.

Au furplus, égayer de temps en tems ces hommes phlegmatiques, qui voudroient toujours penfer ; faire penfer de temps en temps ces efprits frivoles, qui voudroient toujours s'égayer ; c'eft ce qu'on defireroit bien, mais on n'ofe fe le promettre.

TABLE DE L'ESSAI SUR LA NATURE DE L'AME.

TABLE.

SECONDE PARTIE.

TABLE

Du Voyage aux Limbes.

Fin de la Table.

BIGARRURES PHILOSOPHIQUES

LES
VISIONS D'IBRAÏM,
PHILOSOPHE ARABE.

CHAPITRE PREMIER.

Porte ouverte aux physiciens.

NOUS dormons tous : mais qui de nous connoît le sommeil?

Les hommes sont comme des machines montées pour cin-

Partie I.   A

quante ou soixante ans. Ils paroissent sur la scène du monde; bien ou mal ils font leurs personnages. Sont-ils capables de se replier sur eux-mêmes, & d'examiner les ressorts qui les font agir ? On diroit que non.

Il faut pourtant excepter quelques philosophes, &, en particulier, l'Arabe *Ibraïm*. Celui-ci, entre plusieurs ouvrages, nous a laissé un ample traité sur le sommeil; & ce que je publie ici en est un extrait. Dans la suite, on verra pourquoi nous l'ayons intitulé *Visions*.

Ibraïm examine d'abord quelle est l'étendue de la question qu'il traite. Il ne sçait plus quelles bornes prescrire au sommeil, depuis qu'on n'en prescrit plus à la pensée, & qu'on s'est avisé de donner de l'intelligence à tous les êtres, même à la matière brute, & aux élémens. En ce cas, dit-il, tous les corps de la nature, sans en excepter les atômes, sont du ressort de la question que nous agitons. Si, comme nous, les atômes pensent, aiment, haïssent, desirent, agissent ; comme nous aussi, ils doivent avoir des temps de veille & de sommeil. J'aime assez à me figurer des élémens qui veillent quelquefois, qui quelquefois dorment, & qui

rêvent souvent ; & je suis d'autant plus fâché que cette penſée
ne ſoit point encore tombée dans
l'eſprit de nos philoſophes, qu'elle leur auroit été d'un grand ſe-
cours pour expliquer mille phé-
nomènes. En effet, des élémens
bien éveillés, & jouiſſant pleine-
ment de leur intelligence, de-
vront produire des corps auſſi par-
faits qu'il ſe puiſſe. Des élémens
endormis ne produiront rien du
tout. Des élémens qui rêvent
fourniront aux jeux de la nature,
aux productions bizarres, aux
monſtres. Il en ſera comme de
nous-mêmes, & de nos opérations. Bien éveillés, nous pen-

sons sensément ; endormis, nous
ne sommes propres à quoi que
ce soit ; & , quand nous rêvons ,
nous imaginons mille choses qui
ne ressemblent à rien, nous faisons des systêmes universels, nous
entreprenons de tout expliquer ;
& , plutôt que de rester court ,
nous donnons de l'intelligence
à la poussière , & du raisonnement aux atômes.

CHAPITRE II.

Ibraïm entre en matière.

LE sentiment, la réflexion, les combinaisons, tout ce qui s'opère dans nous, quand nous sommes éveillés, dépend (sans cependant en résulter) du jeu d'un fluide subtil, qui fait masse à part, & est cantonné dans le cerveau. C'est de ce fluide dont nous parlerons dans le cours de cet ouvrage, sous le nom d'esprit, ou liquide animal.

Tant que ce fluide est en mouvement, nous raisonnons, nous agissons, nous veillons ; quand son mouvement cesse, nous nous endormons.

Les impressions fortes, variées, multipliées, en entretiennent le jeu, & ferment tout accès au sommeil. Au contraire, les impressions foibles & uniformes éteignent son activité, & appellent le sommeil.

Entrez, pendant la chaleur du jour, dans quelque bosquet, & arrêtez-vous sur le bord d'un ruisseau. Une lumière douce frappe vos yeux, sans les fatiguer ; vos oreilles ne sont affectées que du chant des oiseaux ; une fraîcheur délicieuse se répand sur toutes les parties de

votre corps, & calme les agita-
tions trop vives que la chaleur
y avoit excitées. Vos esprits, auparavant émus avec violence,
modèrent leur cours ; peu à peu
ils se fixent, vous vous endor-
mez. Mais si, pendant votre
sommeil, un coup de vent se
fait entendre, vos esprits en sont
violemment agités, vous vous ré-
veillez : on diroit que le liquide
animal se met à l'unisson des
corps qui frappent les sens.

Il ne faut pourtant pas juger
du degré d'impression qu'un objet fait sur l'ame, par le plus ou
le moins d'énergie qui semble
diriger son action. Cette impres-

fion eft fouvent relative à la fen-
fibilité & à la tournure d'efprit
de celui qui eft affecté. Au fon
de l'or, on a vu des avares fortir
de léthargie. Un amant plongé
dans l'affoupiffement le plus profond, fe réveille au nom feul de
celle qu'il aime. Pour concevoir
ce que produit une diffonance,
il faut avoir l'oreille d'un mufi-
cien ; & celle d'un poëte drama-
tique, pour imaginer ce que peut
un coup de fiflet.

Les médecins ont des fomni-
fères ; mais quelle eft leur manière d'opérer ? Les phyficiens
l'expliquent mal, & Ibraïm ne
l'explique guère mieux. Il eft

des corps, dit-il, qui, mis dans la bouche, y font d'abord une impreſſion vive & diſgracieuſe, & y laiſſent enſuite une ſaveur douce & agréable. Il en eſt à-peu-près de même des ſomnifè-res. Leurs particules, éparſes dans les humeurs, affectent d'a-bord vivement les fibres nerveu-ſes, & en augmentent le jeu ; mais, dans la ſuite, elles y laiſ-ſent un ſentiment de ſtupeur, & en amortiſſent conſidérablement l'activité : de - là la diminution du mouvement des eſprits ; de-là le ſommeil.

Quelle que ſoit la manière d'o-pérer des ſomnifères, notre auteur remarque qu'ils n'agiſſent qu'en vertu de certaines parcelles volatiles qui émanent de leur ſubſtance ; &, à ce ſujet, il fait une longue digreſſion ſur les émanations des corps, les vapeurs, les exhalaiſons, tous les corpuſcules étrangers dont l'air eſt chargé, & qui peuvent influer ſur le mouvement des eſprits animaux. J'abrégerai cette digreſſion, & j'en offrirai ſeulement au lecteur le trait ſuivant.

CHAPITRE III.

La Lune remise en crédit.

J'AI étudié, dit Ibraïm, sous le célèbre Saïouph. C'étoit un philosophe enjoué au possible. Il parloit presque toujours en riant de ce qui concernoit les sciences ; parce qu'il croyoit que les sciences ne méritoient guères qu'on en parlât sérieusement. Son grand talent étoit d'enhardir les esprits, & de leur faire prendre en peu de temps tout l'effort dont ils étoient capables. Il n'avoit point ce ton

de dignité qui d'abord en impo-
se, & dont on est longtemps la
dupe : au contraire, il badinoit,
& tout-à-coup on se trouvoit à
l'aise ; on osoit penser.

Un jour, il se leva au milieu de
ses disciples : » Jadis, leur dit-il,
» on n'attendoit point à voir pour
» croire, & l'on s'exposoit à tom-
» ber dans bien des erreurs : au-
» jourd'hui, on ne croit que
» quand on voit, & par-là on
» se refuse à cent sortes de véri-
» tés. On croit, par exemple,
» que la Lune a la force d'émou-
» voir l'Océan, parce que les
» yeux sont témoins des rapports
» de cet astre avec le reflux ; &

» on ne veut pas croire que cette
» planette cauſe la moindre va-
» riation dans le petit volume de
» liqueur qui circule dans les corps
» organiſés, parce que la vue, trop
» foible, ne peut atteindre à ces
» objets de détails. L'influence
» de la Lune, jadis tant vantée,
» eſt tombée en diſcrédit. Quoi
» donc ! la Lune pourra ébranler
» l'amas immenſe des eaux, &c ne
» pourra rien opérer ſur une pe-
» tite quantité de ſeve, ſur une
» petite portion d'eſprit animal !
» Pour moi, je ne vois point
» pourquoi cette planette n'in-
» flueroit pas ſur tous les corps.
» Je crois même avoir obſervé

» que, quand la Terre, par exem-
» ple, la Lune, Vénus & le Soleil
» sont à-peu-près sur la même li-
» gne, & cela au temps dés équi-
» noxes, vers le printemps, tous
» les ressorts de la nature sont en
» jeu : la multiplication va on ne
» peut mieux, la végétation fait
» des prodiges ; tous les esprits
» s'égayent, tous extravaguent,
» chacun selon son espèce. Qu'il
» fait bon alors semer, planter,
» faire des vers, traiter une ques-
» tion métaphysique, imaginer
» des systèmes, &c ! Je connois
» un fort honnête homme, & qui
» a plus ou moins d'esprit sui-
» vant les lunes. Il y a quelques

» années qu'il s'avisa de faire une
» tragédie. Il n'y travailloit que
» dans les temps que lui désignoit
» un astrologue de ses amis, & il
» fit une assez bonne pièce. Mal-
» heureusement on en donna la
» première représentation au mo-
» ment où le Soleil entroit au si-
» gne des Poissons. Toute la na-
» ture étoit engourdie ; les ac-
» teurs manquoient d'ame, & les
» spectateurs n'en avoient pas da-
» vantage : la pièce tomba. Un
» coup de poignard qui ensanglan-
» toit la scène, ne contribua pas
» peu à sa chûte. L'aspect n'étoit
» point du tout favorable à l'ef-
» fusion du sang. Si le Soleil avoit

été

» été en *Aries*, ce même coup de
» poignard eût été accueilli avec
» un applaudissement général.
» Les auteurs travaillent bien ou
» mal, suivant l'aspect ; & les lec-
» teurs les jugent de même, sui-
» vant les Lunes. Actuellement
» que je vous parle, la Lune est
» dans son dernier quartier : si,
» pour vous entretenir, j'avois
» attendu quelques jours, je vous
» aurois dit cent jolies choses que
» je ne vous dis pas, & que je ne
» peux vous dire, parce que nous
» n'avons pas nouvelle Lune. Je
» ne sçais si cette planette envoie
» des émanations jusqu'à nous ;
» je ne sçais si sa lumière a autant

Partie I. B

» d'inactivité qu'on se le persua-
» de; je ne sçais si elle presse ou
» si elle attire : je sçais seulement
» qu'elle agit, & puissamment,
» puisqu'elle ébranle les mers.
» Qu'il en soit donc des influen-
» ces comme de toute autre cho-
» se, n'en croyez point les an-
» ciens, n'en croyez point les
» modernes ; observez vous-mê-
» mes, & jugez »

CHAPITRE IV.

Avis aux beaux esprits.

Il y a peu de différence (quant aux opérations) entre un homme qui dort profondément, & une plante : il végète seulement. L'esprit, qui le distingue du reste des créatures vivantes, est dans un engourdissement qui approche de l'inaction. Le liquide animal ne circule plus dans le cerveau ; il n'en faut pas davantage pour ranger le plus spirituel des hommes à côté de la plante.

Ne passons pas sur ces vérités.

fans en tirer quelques conféquences. Plus le mouvement du
liquide animal diminue , plus
nous approchons du fommeil,
plus l'efprit s'obfcurcit. Au contraire, plus le mouvement de ce
liquide augmente , plus nous
nous écartons de l'état de fommeil, plus l'efprit fe développe.
Il n'y a donc point de différence
entre être fort endormi, ou fort
ftupide, fort éveillé, ou fort fpi-
rituel.

li Ibraïm s'explique fur ce terme
éveillé. Par-là, dit-il, on entend
affez communément un homme
vif, actif, fans ceffe en mouvement : ces fortes de gens font

ordinairement plus endormis que perſonne. Chez eux, les eſprits animaux ont à-peu-près les mêmes fonctions que les filets dans les pantins & les marionnettes. Ce fluide ſe porte perpétuellement aux yeux, à la langue, aux bras, aux jambes ; toutes ces parties ſont dans une continuelle agitation. Cependant preſque tout le cerveau eſt vuide, l'ame eſt oiſive, elle dort. Au contraire, ces gens qui vous paroiſſent ſi lourds, ſi difficiles à remuer, ſi aſſoupis, ſont quelquefois plus éveillés qu'on ne peut dire. N'en jugez pas par l'extérieur : tout y paroît engourdi, les eſprits ne s'y

portent presque point, ils jouent
dans le cerveau. Là, ils préfen-
tent fucceffivement   à   l'ame
mille fortes d'idées qu'elle s'occupe à combiner : cela feul s'appelle veiller ; tout le refte n'eft
que fommeil.

Figurez-vous maintenant qu'un
fommeil profond & univerfel s'eft
emparé de tous les hommes, que
leurs yeux s'ouvrent en ce moment, & que chacun d'eux fe réveille ; Que doit-il arriver ?

Il eft des hommes dont les
cerveaux font tellement confti-
tués, que le mouvement du liquide animal ne peut y être que
très-peu confidérable. Ceux-là ne

se réveilleront jamais parfaitement ; c'est la classe des stupides,
des imbécilles, des ineptes.

Il en est d'autres dont les cerveaux sont organisés de manière
que le liquide animal peut y
prendre un mouvement plus mar-
qué, mais non pas encore fort
considérable. Ceux-là se réveilleront plus que les précédens ; aussi auront-ils plus d'esprit, mais
non à certain point. Ils ne sont
ni bien éveillés, ni bien endormis, ni fort spirituels, ni fort
stupides : ce sont des gens médiocres.

Il en est d'autres encore (&
ceux-ci ne sont pas le plus grand

nombre) dont le cerveau est tellement conformé, que le liquide animal peut y prendre un mouvement très-vif. Ceux - ci se réveilleront parfaitement, & leur esprit se montera sur le plus haut ton : c'est parmi eux que se trouvent les philosophes, les orateurs, les poëtes, les hommes de génie.

Enfin, il en est dont le cerveau est malheureusement fabriqué de manière que les esprits y prennent un mouvement si vif, qu'il devient tumultueux. Ces derniers se réveilleront plus que personne ; ils ne se réveillent que trop. Le cours du liquide animal de-

vient trop véhément, leur esprit
se monte d'un cran trop haut ;
c'est la classe des fous.

De ces vérités physiques ,
Ibraïm en déduit beaucoup d'autres. En voici quelqus-unes : j'a-
bandonne le reste à la pénétration du lecteur.

Presque tout le monde dort
continuellement : ce qu'on appelle être éveillé, n'est que dormir un peu moins. Deux espèces
de gens veillent, peut-être, réellement ; les hommes de génie, &
les fous.

Si devenir fou est perdre l'esprit, personne n'est plus près de
le perdre que celui qui en a le

plus. Dans un homme qui a beaucoup d'esprit, le mouvement du
liquide animal est très-vif; encore un degré, il le seroit trop : &
la folie est attachée à cet excès.
Ainsi ce qu'on nomme hardiesse
d'imagination, élévation de génie, vigueur de raisonnement,
c'est précisément ce qui approche
le plus de la folie.

Le mouvement du liquide animal porté, dans la veille, au plus
haut point où il puisse aller, suivant les dispositions différentes
des sujets, ne s'anéantit, dans le
temps que le sommeil s'empare
de nous, que par nuances, &
peu à peu : c'est un point qu'au-

eun phyſicien, je penſe, ne s'a-
viſera de conteſter. De-là il ſuit
qu'un fou qui s'endort paſſe par
tous les degrés imaginables d'eſprit. Car comme le mouve-
ment du liquide animal eſt auſſi
violent qu'il puiſſe l'être, il paſ-
ſera, en diminuant peu à peu,
juſqu'à s'anéantir dans le ſommeil, par toutes les nuances qui
conſtatent chaque eſpèce de génie. Ainſi un fou qui s'endort,
devient d'abord philoſophe, poëte, orateur, puis homme médio-
cre, enſuite imbécille. Enfin,
quand il vient à dormir profondément, il tombe preſque dans
l'inertie des corps organiſés qui
ne font que végéter.

CHAPITRE V.

Demi - sommeil.

Nous avons assez parlé du sommeil : disons quelque chose des songes, & examinons leur nature.

Jusqu'à présent je vous ai entretenu des esprits animaux ; je ne vous ai encore rien dit des traces. Ce sont des sillons ouverts dans la substance du cerveau. Pour les opérations de l'ame, il ne suffit pas que les esprits soient en mouvement ; il faut qu'ils se répandent sur ces traces. Dans un sommeil profond, les sentiers qui y

conduisent font fermés, le liquide animal eft dans l'inaction, les
fonctions de l'efprit font fufpen-
dues.

On avoit enlevé, à une femme, une pièce du crâne, & on
y avoit fubftitué une lame de
plomb. Toutes les fois qu'on
ôtoit cette lame, & qu'avec la
main on comprimoit mollement
le cerveau, cette femme s'endor-
moit. Par la compreffion, on ef-
façoit, pour un temps, les traces;
on oblitéroit les canaux des efprits; le liquide animal s'arrêtoit,
les fens ceffoient leurs fonctions,
le fommeil furvenoit.

Aux traces que les phyficiens

imaginèrent d'abord pour expliquer les opérations du cerveau,
quelques-uns ont substitué les fibres ; car tout change. Je m'en
tiens, comme on voit, à l'opinion des premiers, dit Ibraïm :
je ne sçais si j'ai raison ; mais je
défie toutes les écoles d'orient &
d'occident de me démontrer que
j'ai tort.

Quand le cours des esprits est
arrêté dans toutes les parties du
cerveau, le sommeil est aussi profond qu'il puisse l'être. S'il reste
encore quelque canton où les
esprits circulent, le sommeil est
imparfait : on dort, mais on ne
dort pas complettement ; on rêve.

Les songes procèdent donc de ce que les esprits animaux, fixés partout ailleurs, coulent encore dans certaines traces.

Ibraïm fait ici une réflexion. Les idées viennent des traces ; & les caractères, les inclinations, les passions, viennent de certaines combinaisons d'idées. Tant que toutes les traces sont ouvertes, & que toutes nos anciennes idées nous sont présentes, nous demeurons toujours les mêmes. Mais, si la plupart des traces venoient à s'effacer subitement, & que la plus grande portion de nos idées ne pût se présenter à l'ame, il est clair que les combinaisons

venant à varier, les caractères,
les inclinations, les passions,
pourroient varier aussi. C'est ce
qui arrive souvent dans le sommeil : car souvent telle idée peut
encore s'offrir à l'ame, telle autre
ne le peut plus ; telle trace est
libre, telle autre ne l'est pas.
Ainsi les songes peuvent inspirer
de la modestie à l'homme le plus
vain, du libertin faire un sage,
& donner du mérite à qui n'en a
point. Au réveil, le cerveau re-
prenant son état ordinaire, on
reprend aussi ses anciennes inclinations ; on redevient libertin,
sot & ridicule comme auparavant.

Ceci

Ceci répand un grand jour, continue Ibraïm, fur ce qui arriva à la famille de Noé à l'occafion de la baguette de ce prophète. L'événement eft fingulier : je vous le raconterai d'après ce qu'en a écrit le moralifte Nabab, au chapitre V du fçavant traité où il examine fi la variété des paffions eft auffi avantageufe à la fociété, qu'elle eft amufante aux yeux d'un philofophe.

CHAPITRE VI.

Chant joyeux mal fondé.

Histoire de la baguette de Noé.

Quand, après le déluge, la mer eût rentré dans ses bornes, & que l'haleine des vents eût séché la terre, Noé & les siens, au nombre de quatre-vingt, sortirent de l'arche, jettèrent les fondemens de Thélamine, & s'employèrent à réparer le genre humain.

Ils marchèrent longtemps dans les voies de la vertu ; mais ils n'y marchoient point avec cette fatisfaction intérieure, cette joie pure, qui fait le tréfor de l'homme jufte. L'affreufe image du déluge fe retraçoit fans ceffe à leur imagination allarmée, la terreur s'étoit emparée de leur efprit, & la triftesse l'environnoit comme un voile obfcur. Leurs caractères, leurs paffions, leurs defirs étoient les mêmes; on eût dit qu'ils n'avoient tous qu'une feule ame, mais une ame plongée dans la plus fombre mélancolie.

Si le cœur étoit vuide de paffions, le genre humain tomberoit dans l'inaction, les hommes feroient comme autant de ftatues. S'ils n'avoient tous qu'une

même paſſion, leurs actions auroient un caractère d'uniformité
qui entraîneroit bientôt la lan-
gueur, le dégoût, l'ennui & la
triſteſſe. C'étoit juſtement le cas
où étoit la famille de Noé.

Le patriarche ne tarda pas à
reconnoître la ſource du mal. Il
ſe tourna du côté de l'orient, &
levant les mains vers le ciel, il
s'en plaignit au Seigneur. Au
même inſtant, une baguette
tomba à ſes pieds, & une voix
lui apprit quel uſage il en devoit
faire.

Noé ſe proſterna la face contre
terre, » Seigneur, s'écria-t-il,
» vous comblez votre ſerviteur

» de vos bontés ; vous allez va-
» rier les caractères de vos enfans,
» comme vous avez varié les
» fleurs qui embelliſſent les
» champs.

» Avec la joie & l'activité, les
» arts vont bientôt germer entre
» eux, comme des grains ſemés
» dans une plaine fertile ; & ils
» donneront leurs fruits dans le
» temps.

» O terre ! tu leur ouvriras tes
» entrailles, & tu n'auras point
» de tréſors cachés que leur in-
» duſtrie ne découvre.

» Ils marcheront ſur les eaux,
» & ils chemineront ſur les mers,
» depuis l'orient juſqu'à l'occi-
» dent.

» Les nations se lieront entre
» elles par leurs besoins mutuels,
» & tous les habitans de la terre
» ne feront qu'une nombreuse
» famille.

» Alors ils diront : Qui a opéré
» parmi nous ces merveilles ?
» C'est la variété des passions,
» c'est la baguette de Noé «.

CHAPITRE VII.

A bonne intention, mauvais succès.

Noé paſſa le reſte du jour dans l'impatience; & dès que la nuit fût venue, & que ſa famille fût endormie, il commença à la parcourir, & à faire uſage de ſa baguette.

Le premier qui ſe préſenta à ſa vue, fut Boas. Il rêvoit que ſa tête avoit été changée en un ballon gonflé de vent. Noé le frappa de ſa baguette; & à l'inſtant toutes les traces qui, dans le cerveau de Boas, se trouverent libres, resterent pour toujours dans cet état ; & toutes celles qui se trouverent affaissées, furent fermées pour jamais : c'étoit en quoi consistoit la vertu de la baguette. Ainsi, par la raison physique que nous en avons donnée, le caractère de Boas changea ; ce fut le premier des enfans de Noé qui fut vain & superbe. Son orgueil passa à ses descendans, qui multiplierent comme l'herbe des champs. Aujourd'hui, il s'en trouve dans tous les états, à les prendre depuis les rois qui s'enflent sous le diadême, jusqu'aux bergers qui se composent fous le chapeau de paille.

Noé frappa enfuite Orebe. Celui-ci rêvoit que le miel fortoit de fa bouche, & le fiel de fon cœur : il fut le père des fourbes & des hypocrites.

La baguette étoit lèvée fur Coph, qui rêvoit qu'il enfemençoit une terre fertile, lorfque Noé s'arrêta pour écouter la fille de Lamech, qui parloit en rêvant : » Tu pars ! difoit - elle d'u
,, ne voix entrecoupée, tu m'a
,, bandonnes ! Pourquoi ne me
,, prens-tu pas pour compagne de
,, tes voyages ? Un nouveau dé
,, luge feroit-il capable de m'em
,, pêcher de marcher fur tes pas ?

„Non, avec toi je peux tout,
„ sans toi je ne peux rien, & je
„ meurs «. La fille de Lamech
étoit mariée depuis trois mois;
Noé crut qu'elle parloit de son
époux. Ne perdons pas de temps,
affermissons des sentimens si ten-
dres & si louables: Il dit, & frappa la fille de Lamech. Malheureusement le songe qu'elle faisoit
ne touchoit son époux qu'à son
défavantage; elle croyoit parler
à un favori qui l'avoit séduite.
Elle aima le jeu, les assemblées,
les plaisirs d'éclat; elle suivit les
voies de la volupté, & fut la
mère des femmes coquettes &
galantes.

Cependant Noé, charmé d'avoir surpris la fille de Lamech dans un instant aussi favorable, & s'applaudissant comme s'il eût mis la vertu au monde, retourna vers Coph. Son rêve continuoit ; mais il ne femoit plus dans une terre profonde, il femoit dans les grands chemins, sur des rochers, dans les eaux. Il fut atteint de la baguette, & devint la souche des hommes prodigues. S'il eût été frappé le moment d'auparavant, il eût été le père de cette libéralité bien entendue, dont il n'existe que l'idée.

Noé poursuivit. Saphyr rêvoit qu'il enduisoit de miel les gâteaux que ses frères devoient manger le lendemain ; & il fut le père de la douceur, & les délices de la société. Gamrou voyoit sortir de sa bouche une vapeur noire, qui salissoit tous les objets dont elle approchoit : il fut le père des médisans & des calomniateurs. Yride cheminoit dans l'air, & étoit le jouet des vents : il fut le père des ambitieux. On compte, parmi ses descendans, Zum qui donna le plan de la tour de Babel, & Toris qui le premier des philosophes imagina un système universel. Ossmond buvoit sans fin, & ne pouvoit se désaltérer : il fut le père des gens d'é-

tude, & de ceux qu'inquiette la
foif de fçavoir. Soris, un chalu-
meau à la main, s'occupoit à faire
des bules de favon; & il fut le
père des petits - maîtres. Ses
enfans parurent d'abord fi ridi-
cules, qu'ils furent obligés de
fe corriger. Mais Soris les con-
fola, & leur dit : « Notre famille
,, humiliée fe relévera un jour
,, avec éclat. La révolution des
,, temps aménéra un regne de fri.
,, volité, où nos defcendans
,, triompheront «. Ibraïm affure
que la prohétie s'eft accomplie de
nos jours.

Noé parcourut ainfi toute fa
famille, établiffant à chaque

coup qu'il portoit une vertu ,
plus souvent un vice. Ensuite il
ficha sa baguette en terre , &
joyeux comme s'il eût mis fin à
l'œuvre le plus essentiel au bonheur de ses enfans & de leurs
races futures, il alla se reposer,
& s'endormit.

CHAPITRE VIII.

Mort prématurée.

Fin de l'histoire de la baguette.

LA baguette que Noé avoit mise en terre, végéta, & dans peu forma un arbrisseau à main, qui croissoit en rampant, ou se soutenoit en se cramponnant aux arbres voisins : c'étoit la vigne. Elle donna un fruit, dont la beauté frappa Noé. Il en exprima le suc, en goûta, le trouva bon. Il voulut éprouver s'il se conserveroit ; une cruche en fut remplie, & mise en réserve. Quelque

temps après, le prophète en goûta de nouveau, & le trouva meilleur qu'auparavant : c'étoit du
vin. La saveur du vin rappella
plus d'une fois le bon Noé. Bien-
tôt un feu extraordinaire se glissa
dans ses veines, son cœur tres-
saillit vivement. « Vraiment, s'é-
» cria-t-il, voici bien la plus dou-
» ce faveur que le ciel ait pu faire
» au genre humain. Cette li-
» queur est plus suave que le
» miel, & elle renferme une cha-
» leur plus douce que celle du
» printemps. Elle fera fleurir la
» jeunesse, & reverdir la vieil-
» lesse. Le foible y trouvera des
» forces, & l'imbécille y puisera
                              » de

» de l'efprit. A fon afpect le cha-
» grin fuira & la joie s'emparera
» de tous les cœurs «.

Dans le vrai, rien de meilleur
que le vin, rien de plus perni-
cieux. Une vertu occulte qu'il
tient de la baguette, change les
caracteres, mais prefque toujours
en pis.

Cependant les nouvelles paffions & les penchans divers que
Noé avoit établis, fe dévelop-
perent peu à peu. Bien-tôt la joie
reparut au milieu des hommes :
mais ce ne fut point cette joie
paifible qui naît de la tranquillité
de l'ame, & qui accompagne la
vertu ; ce fut cette joie folle qui

Partie I. D

naît de la diffipation, & qui accompagne le vice.

La vertu eft un tréfor inépui-
fable & ouvert à tous les hommes ; tant que les defcendans de
Noé l'eurent pour objet, ils ne fe
traverferent point , parce que
tous pouvoient en jouir. Les autres biens ne peuvent appartenir
à tous ; dès qu'on fe les propofa
pour but, les hommes fe traverferent, & fe détruifirent autant
qu'il fut en eux.

Dans la fuite quelques Sages
effayerent de mettre un frein au
défordre. Ils firent entendre qu'il
étoit de l'intérêt particulier, qu'il
y eût un intérêt général. On fît

des loix, on nomma des chefs,
& l'on se réunit en société po-
litique. Mais le mal auquel on
cherchoit un remede, étoit in-
curable ; la variété des passions
ne put se contenir. Les uns vouloient une loi, les autres une
autre ; ceux-ci demandoient un
maître absolu ; ceux-là en demandoient un dont la puissance
fût limitée ; quelques-uns n'en
vouloient point du tout. Il fallut
se séparer, & la masse des hommes se démembra en différens
petits corps, dont chacun s'ac-
crut avec le temps. De-là les
empires, les royaumes, les ré-
publiques, les différens peuples

& les différens gouvernemens.

Ce qu'il y a de plus fâcheux, c'est que les maux qu'on vouloit guérir, subsisterent ; & les remedes qu'on employoit en occasionne-rent de nouveaux. Par exemple, on se battit d'homme à homme comme auparavant, par une suite de l'intérêt particulier; & ce qu'on ne faisoit point auparavant, on se battit de peuple à peuple, par une suite de l'intérêt général.

Noé prévoyant tous les mal-heurs que devoit occasionner la variété des passions, reconnut, mais trop tard, l'indiscrétion de la demande qu'il avoit faite au Sei-gneur, & il en conçut une mélan-

colie qui ne le quitta plus. Inutile-
ment il eut recours au vin; cette liqueur couloit dans sès veines, sans
pouvoir ranimer la joie dans son
cœur. Enfin après avoir long-
temps lamenté sur sa méprise, &
sur les désordres de ses enfans, il
mourut de chagrin, n'étant âgé,
au plus, que de neuf cent ans.

CHAPITRE IX.

Etre heureux en songes, c'est l'être
plus qu'on ne pense.

Nous avons jetté quelque lumiere dans l'obscurité du sommeil, nous avons même éclairci

la mécanique des rêves. Mais pourquoi les songes nous rappellent-ils pour l'ordinaire les objets dont nous avons coutume de nous occuper ? Pourquoi frappent-ils l'ame au point qu'elle les prend pour des réalités ? Pourquoi les peines & les plaisirs qu'ils nous procurent, nous affectent-ils plus puissamment que s'ils étoient réels ? C'est à quoi Ibraïm va essayer de répondre.

Il n'est point de traces plus profondes que celles qui nous représentent les objets dont nous avons coutume de nous occuper; il n'en est point vers lesquelles les esprits animaux aient une pente plus aisée, & qu'ils parcourent

plus fréquemment. Elles doivent
donc, ou nulle autre, échapper à
l'affaiſſement univerſel qui ſur-
vient au cerveau dans le temps
du ſommeil. Toutes les autres
s'effaceront que celles-ci pourront reſter intactes, & que les
eſprits y couleront encore libre-
ment. Ainſi on ne dort pas toujours univerſellement, on veille
pour l'ordinaire à l'égard de certains objets. L'amant parle de ſa
paſſion à celle qu'il aime ; le ciel
s'ouvre aux yeux de l'homme zélé,
& l'appareil des ſupplices s'offre
au criminel, que le remords n'ab-
bandonne point. Les ſonges réa-
liſent à leur maniere nos deſirs &
nos craintes. D iv

Quand les esprits coulent tranquillement sur le sillon que l'impression de tel objet a laissé dans le cerveau, nous nous rappellons seulement cet objet, nous ne le regardons pas comme présent ; c'est en quoi consiste la mémoire. Mais si les esprits agissoient dans cette trace avec autant de force qu'ils y agissent quand l'objet même frappe nos sens, nous tomberions dans l'erreur, & nous croirions que réellement cet objet seroit présent. C'est précisément ce qui arrive dans les accès de folie, les délires des malades & les songes. On peut regarder les esprits comme un fluide distribué en une multitude innombrable de petits ruisseaux qui vont serpentant de côté & d'autre. Dans un sommeil profond, tous les canaux sont embarrassés, les esprits ne font pas assez d'efforts, rien ne coule dans le cerveau. Dans le sommeil incomplet qu'un songe agite, quelques-unes des traces sont encore ouvertes, les esprits émus s'y portent avec d'autant plus d'impétuosité, qu'ils trouvent ailleurs des obstacles à leur cours. Ils agissent donc sur ces traces avec force, & l'ame est frapée au point de croire présent & réel, ce qui n'est qu'un fantôme.

Il y a plus : le sentiment est infiniment plus exquis quand on dort & qu'on rêve, que quand on est éveillé ; nous ressentons plus vivement que jamais des peines & des plaisirs qui n'ont de fondement que l'illusion. On en a demandé la cause aux physiciens, & les physiciens ont répondu que cela vient de ce que, dans le sommeil, l'ame n'est distraite par aucune idée étrangere, & se livre sans partage à la contemplation de l'objet que lui offrent les songes. Raison futile : la distraction peut bien influer sur la durée du sentiment, non pas sur sa force. Une idée m'afflige, une autre idée me distrait, je cesse d'être affligé ; mais seulement jusqu'à ce que je sois rendu à moi-même. Les distractions peuvent donc bien interrompre le cours du sentiment, non pas en diminuer le degré. Cherchons dans les principes d'Ibraïm une raison plus solide de cet étrange phénomene.

Nous avons dit que les esprits animaux agissent sur le peu de traces qui restent libres dans le cerveau d'un homme qui dort & qui rêve, avec autant d'énergie que si les objets qu'ils offrent à l'ame étoient présens ; c'est dire trop peu. Cette énergie est beaucoup plus considérable ; & l'on en sera convaincu, si l'on fait attention qu'elle résulte de l'effort de toute la masse des esprits qui, ne pouvant pénétrer ailleurs, se portent en foule & avec violence de ce côté-là. Or on sait que, le reste égal, les impressions sont plus ou moins fortes, suivant que l'action des esprits, dans quelque trace que ce soit, est plus ou moins vive. On ne doit donc pas être surpris si les affections qui se transmettent à l'ame pendant le sommeil, agissent si puissamment sur elle. Il n'est plus de peines ou de plaisirs médiocres, tout est excessif. Ces détails conduisent naturellement à une réflexion par laquelle Ibraïm met fin à ce chapitre.

Si nous jugions des plaisirs réels par ceux que nous offre quelquefois un songe séducteur, nous nous en formerions une idée peu juste. Tel est notre sort : l'homme n'est jamais ſi heureux que quand il l'eſt en dormant, & la réalité ne peut nous affecter ni nous flatter autant que l'illuſion. Que dis-je ! eſt-il des plaiſirs réels ? La vie entiere n'eſt qu'un ſommeil inquiet, mille ſonges l'occupent, la mort en eſt le réveil.

CHAPITRE X.

Liſez tout bas, & gardez le ſecret.

Nous avons vu qu'un homme profondément endormi, & qui vient à rêver, eſt un homme qui dort encore, mais qui commence à ſe réveiller. Si outre quelques traces reſtées libres dans le cerveau, il s'ouvre encore quelques voies par où les esprits puissent couler dans certains organes, il est tout simple que celui qui rêve se serve de ces organes conformément au songe dont il est occupé ; & dès-lors il dort encore moins qu'auparavant, & continue de se réveiller de plus en plus.

C'est ainsi que les canaux qui charient le liquide animal vers la langue & les autres organes de la voix, se dégagent souvent dans les songes, & l'on parle en rêvant. Le philosophe differe sur la nature, le général d'armée donne des ordres, & la femme coquette révele ses intrigues.

Quelquefois même, dans ces

circonftances, les vóies qui com-
muniquent du cerveau aux oreilles font libres : alors on peut lier
converfation avec celui qui dort.
Vous vous trouvez auprès d'une
jeune fille affoupie, elle rêve, elle
parle comme fi elle étoit feule
avec fon amant. Feignez d'être
cet amant, interrogez-la ; elle né
manquera pas de vous révéler tout
ce que vous voudrez ou ne voudrez pas favoir, elle n'aura rien
de caché pour vous, elle croit
ouvrir fon cœur à celui qu'elle
aime.

Mais il fe pourra faire que les
efprits n'aient pas ce qu'il leur
faudroit de mouvement, & que
les canaux qu'ils parcourent ne

soient pas encore assez débarras-
sés. Pour lors, celui qui parle en
rêvant n'entendra que confusé-
ment, & répondra de même. Ses
paroles mal articulées seront vui-
des de sens, on ne comprendra
rien à ses réponses. Il faut alors
secouer la machine par quelque
impression assez forte pour au-
gmenter l'activité des esprits, mais
trop foible pour réveiller. On dit
quelquefois à ce sujet que, pour
pénétrer le secret de quelqu'un, il
faut le surprendre dans un instant
où il parle en rêvant, lui serrer le
petit doigt & l'interroger; on le
dit en plaisantant, & en plaisantant
on dit vrai.

Nous

Nous n'avons qu'un pas à faire, & le phénomene singulier des somnambules est développé. Une preuve que les philosophes n'ont rien entendu à ce cas étrange, c'est que la plupart d'entr'eux ont évité d'en parler, & que les autres pour l'expliquer ont eu recours à des agens plus qu'humains.

Un somnambule est un homme qui rêve, & qui non-seulement parle, mais encore agit conséquemment au songe dont il est occupé. Il jouit de tous ses sens & de tous ses organes; le cerveau seul est encore embarrassé, peu de traces sont ouvertes, peu d'idées se présentent à l'ame : il n'y a qu'une nuance de cet état au réveil. Un somnambule voit, entend, marche d'un pas assuré & agit avec toute l'aisance possible. Mais fortement occupé de son objet, rien de ce qui s'offre à lui n'est capable de le distraire; il a ses vues, & il semble n'avoir de vie & de sentiment que pour les remplir. Aussi, ce que font les somnambules, ils le font avec une justesse & une précision qui étonnent, & dont peut-être ils ne seroient pas capables eux-mêmes, s'ils étoient bien éveillés.

Ibraïm est toujours attentif à prévenir ses lecteurs sur ce qui pourroit leur en imposer. Ici il

les avertit de ne pas confondre les
fomnabules avec ces hommes
que le Génie de la Vérité tranf-
portoit jadis au milieu des peuples
de Babylone, pour y rendre fes
oracles. Il y a bien de la différence, dit-il : les fomnambules
font des gens prefque éveillés, &
les autres dormoient profondément ; ils ne paroiffoient veiller
que parce que le Génie les animoit.
Voici le fait tel que le raconte
Ima, dans la differtation où il
prouve combien l'erreur & l'ignorance doivent être cheres aux
hommes.

CHAPITRE XI.

Et puis cherchez le vrai.

Histoire de l'oracle de Babylone.

Le Génie de la Vérité, chassé de toutes les contrées du monde, étoit prêt à quitter la terre & à se retirer je ne sçais où, lorsque les Babyloniens s'aviserent de lui élever un temple, & de lui dresser des autels. Il s'y retira donc, & habita au milieu de Babylone.

En reconnoissance, il voulut rendre des oracles, & dévoiler la vérité aux yeux de ceux qui seroient assez hardis pour la regarder à nud. Voici comme il s'y prit.

Il s'infuſoit dans le corps d'un homme profondément endormi, s'établiſſoit dans ſon cerveau, & s'emparoit de tous ſes organes. Pourvu de ce corps, il entroit dans ſon temple, & répondoit à toutes les queſtions que les Babyloniens venoient lui faire. Enſuite il abandonnoit les organes qu'il venoit de mettre en uſage, & le Babylonien dont il avoit occupé le corps ſe réveilloit comme d'un profond ſommeil.

Le génie débrouilloit le paſſé, dévoiloit le préſent, & annonçoit l'avenir. Jamais oracle ne fut plus dangereux, parce que jamais oracle ne fut plus vrai-disant.

On alloit le consulter de toutes parts, & les Babyloniens crurent devenir parfaitement heureux, parce qu'on ne pourroit plus leur en imposer. Le fait est qu'ils étoient à plaindre : l'homme est trop foible pour soutenir le poids de la vérité.

Tel, que des espérances flatteuses auroient accompagné jusqu'au tombeau, apprenoit combien peu elles étoient fondées, & se désespéroit. Tel autre, content & plein de lui-même, apprenoit à se connoître, & du comble de l'amour propre, tomboit dans une humiliation qui l'anéantissoit. Un

philofophe avoit-il confumé fa
vie dans l'étude ? il apprenoit à
douter de ce qu'il croyoit le mieux
fçavoir, & s'abyfmoit dans le
vuide affreux du pyrrhonifme.

Autant d'oracles rendus, autant
de coups portés au bonheur des
Babyloniens. Les heureux fuccès
flattoient peu, parce qu'ils étoient
prévus de trop loin ; & les mal-
heurs futurs commençoient d'e-
xifter avant leur événement, pour
ceux à qui on les avoit annoncés.

On ne parloit que d'amitiés
rompues, les amis fe connoiffoient
trop bien ; de mariages diffous, les
femmes paroiffoient telles qu'elles
étoient ; de fociétés abandonnées,

qui croyoit duper se voyoit dupe.
Le bon ordre & la paix avoient
disparu avec l'erreur ; le désordre
& la confusion s'étoient établis
avec la vérité ; Babylone étoit
une ville de désolation.

Dans ce temps un philosophe,
nommé Ima, étoit à la tête de la
police. Cet Ima mérite d'être
connu. Quoique jeune, il avoit
apprécié la portée de l'esprit humain, & ne s'en étoit point fait
une idée sublime. Il se croyoit
fort ignorant, & ne croyoit pas les
autres fort sçavans. Comme il ne
trouvoit presque rien de satisfai-
sant dans les livres, il lisoit peu &
pensoit beaucoup : non pas qu'il

crût mieux rencontrer; mais, chimeres pour chimeres, il aimoit
autant s'en former lui-même que
de se repaître de celles des autres.
L'ignorance, la foiblesse, la ma-
lice de l'espece humaine, l'avoient
singulierement frappé. Je fais peu
de cas des hommes, disoit-il souvent, mais ce sont mes freres, je
les aime, & je souhaite d'en être
aimé : quant à leur estime, je les
en tiens quittes ; telle qu'elle est,
je ne m'en soucie pas ; telle qu'elle
devroit être, je ne la mériterois
point. Ces maximes, qui l'avoient
jetté à mille égards dans la plus
froide indifférence, avoient en
même temps répandu dans ses

mœurs une douceur que rien ne pouvoit altérer. Au reste, tranquille à l'extérieur, indolent, paresseux, il couvoit intérieurement une imagination vive qui auroit suffi aux affaires de deux Babylones.

Le gouvernement, qui avoit accueilli le Génie de la Vérité contre l'avis d'Ima, eut recours à lui pour s'en défaire. Il y réussit. Tous les matins il envoya au temple quatre ou cinq imposteurs qui sçurent si bien jouer les inspirés, que le peuple y fut pris, & crut que les organes de la Vérité s'étoient multipliés ; on en remercia le Génie.

Mais bien-tôt on s'apperçut qu'il ne falloit pas faire un grand fonds sur les oracles qui se rendoient depuis certain temps. On crut même que ceux qui s'étoient rendus dans l'origine n'étoient pas mieux fondés; & que si quelques-uns avoient manifestement annoncé le vrai, c'étoit un pur hazard. Enfin on regarda tous les oracles, tant précédens qu'actuels, comme non avenus.

Dès-lors les amis se raccommoderent, les époux se réunirent, les sociétés se rétablirent, les Babyloniens recommencerent d'être heureux, parce qu'ils recommencerent d'être dupes les uns des autres.

Indigné du procédé des Babyloniens, le Génie de la Vérité quitta Babylone son dernier refuge, & n'a plus reparu parmi les hommes.

Cependant les inspirés d'Ima, prirent goût à leur personnage. Ils étoient tombés en discrédit : mais ce n'est pas d'aujourd'hui que les hommes sont inconséquens ; on les méprisoit & on les consultoit. D'abord ils ne firent que rire de la sottise des Babyloniens : dans la suite ils mirent les curieux à contribution. Enfin ils pullulerent & firent secte. De-là sont venus les astrologues, les négromanciens, les devins,

tous les oracles de l'antiquité, &
tous ceux de nos jours.

CHAPITRE XII.

Argument.

IBRAÏM termine ce qui concer-
ne les songes par une réflexion.

Si dans le sommeil, dit-il, nous
sommes incapables de tout bien,
comme plusieurs nous en assurent,
nous sommes aussi incapables de
tout mal. Cependant les moralistes pensent que nos songes peuvent mériter les peines dûs aux
crimes : si cela est, ils peuvent

aussi mériter les récompenses pro-
mises à la vertu.

Pendant le jour, disent les moralistes, vos yeux se sont arrêtés
avec trop de complaisance sur
cette femme ; pendant la nuit un
songe vous la rapelle, vous lui
parlez, vous la séduisez : votre
chûte est complette, votre crime
est consommé.

Pendant le jour, reprend Ibraïm,
j'ai donné une obole à ce pauvre
dont la misere m'a touché ; pendant la nuit un songe rassemble
autour de moi une multitude de
malheureux, j'ouvre ma bourse &
je leur distribue tout mon bien.
Ma libéralité est donc montée au

plus haut point, ma vertu a fait ses preuves ; une illusion me procure tout le mérite de la réalité.

Les moralistes multiplient les voies du crime ; Ibraïm multiplie celles de la vertu.

CHAPITRE XIII.

Qui dort, dîne.

PENDANT le sommeil le sang circule lentement, les sécrétions languissent, la transpiration est peu considérable. De-là vient qu'il ne se fait pas de grandes pertes, & que les personnes qui dorment beaucoup n'ont pas be-

foin d'une nourriture abondante.
Auffi, le refte égal, les grands
dormeurs ne font jamais de grands
mangeurs.

Plus le fommeil eft profond,
plus le mouvement des humeurs
diminue, & en conféquence leur
diffipation. Ainfi un homme peut
dormir plufieurs jours de fuite,
même plufieurs femaines (pourvu
qu'il dorme très-profondément)
fans qu'on ait lieu de craindre
qu'il périffe d'inanition. La chofe
n'eft pas fans exemple. On voit
quelquefois des affoupiffemens
léthargiques perfévérer quinze à
vingt jours, fans avoir aucune
fuite fâcheufe.

Nous

Nous avons même dans l'ordre naturel, des exemples d'un affou‑ pissement de six mois tout aussi salutaire qu'un sommeil de six heures. L'hirondelle en est une preuve. Cet oiseau est de ceux pour lesquels la nature semble avoir eu des égards : les hirondel‑ les jouissent des beaux jours, & ne connoissent point la rigueur des hyvers. Aux approches des premiers froids, les unes passent les mers, & vont chercher dans d'autres climats un ciel pur & tempéré. Les autres, sans quitter le pays, se réfugient dans des lieux inhabités. Là, le froid les sur‑ prend, les endort, & leur ôte toute sensibilité. Elles semblent mortes, & ne conservent en effet que le plus léger principe de vie. Ce sommeil stupéfiant dure près de six mois. Comme elles dissipent très-peu, elles n'ont pas besoin de nourriture. Les premieres chaleurs du printemps les raniment, elles volent, elles se dispersent, elles vont de toute part annoncer aux hommes les nouveaux efforts de la nature & le retour de la belle saison.

Ces faits, & beaucoup d'autres semblables, donnent un peu de vraisemblance à ces longs sommeils dont on a tant parlé, & dont les uns ont persisté plusieurs mois, les autres plusieurs années.

Bien plus, après avoir ainsi préparé le lecteur, je crois qu'on peut hazarder de lui faire part de ce qu'une tradition Arabesque raconte de la grotte de Totis. Ce que l'on auroit regardé comme incroyable, peut-être ne le regardera-t-on à présent que comme surprenant.

CHAPITRE XIV.

Ne diroit-on pas qu'on parle de nous ?

Histoire de la grotte de Totis.

Il y avoit à Mare * un roi le meilleur de tous les rois. Son nom étoit Totis, fils d'Abroas, fils de Chuc ; Dieu leur fasse paix. Totis étoit le pere de son peuple, & le frere de tout le genre humain. Il mettoit son bonheur à faire celui des autres. Dieu avoit placé à ses côtés le Génie de la Sagesse, celui qui depuis passa à Salomon.

* Jadis capitale d'Egypte.

Il voulut d'abord faire des Egyptiens un peuple de Sages. Il envoya des sçavans dans toutes les parties de son royaume, il fonda des chaires, établit des académies, excita l'émulation par les récompenses.

Les choses parurent prendre le meilleur train du monde. En assez peu de temps il se forma des philosophes, des orateurs, des poëtes, des littérateurs en tout genre. On eut dit que la Sagesse avoit fixé sa demeure en Egypte.

Malheureusement les femmes voulurent aussi devenir Sages, & cela gâta tout. Elles ne purent ou ne daignerent point s'élever

jusqu'aux sciences, on essaya de
faire descendre les sciences jusqu'à elles. Alors les génies se ré-
trécirent, il falloit se mettre à la
portée du sexe : on n'osoit prendre l'essor, on craignoit de sortir
de la sphere commune. La litté-
rature commença donc à ressortir
au tribunal des femmes, & leur
décision devint la mesure de la
renommée des auteurs.

Il ne fut plus question d'instrui-
re, mais d'amuser. Le grand point
étoit de montrer des objets variés
& de n'en approfondir aucun, de
divertir l'imagination & de laisser
l'entendement oisif, de remuer le
cœur & d'engourdir l'ame. Bien-

tôt on abandonna le beau pour le joli, le bon pour le singulier, le solide pour le superficiel, le raisonnement pour les saillies, & le bon sens pour l'esprit. Le goût de frivolité s'empara de tous les Egyptiens : la Folie leva la tête, & la Sageſſe resta muette & confuse.

Peu résisterent au torrent ; & de ceux-ci, la plupart donnerent dans d'autres excès.

Le stile des écrivains de Mare avoit d'abord été diffus, dur & pesant. Peu à peu il s'étoit perfectionné, & les ouvrages des Egyptiens étoient devenus des chefs-d'œuvre de méthode, de précision & d'aménité. Mais com-

me le fruit qui commence à se
passer dès l'instant qu'il est par-
venu au point de maturité, ce stile
ne tarda pas à dégénérer. Dès-
lors son caractère distinctif fut
d'être saillant ; il n'alla plus que
par sauts & par bonds ; & il devint
si serré, qu'un ouvrage paroissoit
un cannevas à remplir, ou un *index*
qui présentoit en racourci ce que
l'auteur auroit dû détailler. Bien
des gens s'imaginoient que le goût
se rétabliroit ; d'autres assuroient
que cela n'arriveroit point. Le
stile moderne, disoient les der-
niers, est comme une liqueur
forte à laquelle notre palais est
accoutumé ; comment veut-on

que nous reprenions du goût pour un vin pur & naturel, fût-il le meilleur du monde ?

Cependant (car il faut tout dire) les Egyptiens excelloient à certains égards. On ne danſoit nulle part comme chez eux, leurs meubles & leurs ajuſtemens étoient d'un goût exquis, ils étoient les premiers hommes pour donner une fête galante, &c. Auſſi ſe piquoient-ils de fournir les plus grands maîtres dans les petites choſes.

Enfin les Egyptiens faiſoient trois claſſes ; un tiers chantoit, un tiers danſoit, un tiers écrivoit des romans, tous extravaguoient.

Ils appelloient cela user du temps
& le mettre à profit. « Jouissons,
» disoient-ils, la vie n'est qu'un
» instant, on n'a qu'un coup-d'œil
» à donner aux objets, & on
» meurt. »

Ce qui vous étonnera, c'est que
ce peuple se donnoit pour modele
aux autres nations ; & ce qui vous
étonnera encore davantage, les
autres nations le prenoient pour
tel.

CHAPITRE XV.

Avis mal reçus.

LES mœurs étoient extrêmement corrompues à Mare : Totis s'étoit imaginé que la philosophie les épureroit. Il arriva tout le contraire, les mœurs corrompirent la philosophie. On rejetta tout ce qui auroit pu corriger, & on reçut avidement tout ce qui pouvoit favoriser l'esprit de libertinage. Quelqu'un dît qu'il étoit possible que la matiere organisée & arrangée d'une certaine façon fût capable de penser ; & à peine l'eût-il

dit, que mille échos répéterent
dans toute l'Egypte : » L'ame n'eſt
» rien moins qu'immortelle. «

Les ſages à la mode s'étoient
fait un ſyſtême à part. Ils ne le
publioient point en corps, mais
ils en ſemoient les membres d'endroit en endroit. Celui qui avoit
l'adreſſe de réunir ces maximes
éparſes, & aſſez de pénétration
pour en ſaiſir le ſens, trouvoit
mille choſes ſingulieres & inouies ;
par exemple, que le globe que
nous habitons n'eſt qu'une bale
que certaines loix & quelques millions de ſiecles ont arrangée &
balancée dans le vuide, & que
les mêmes loix culbuteront un

jour & bouleverſeront de fond en comble ; que l'homme eſt aujourd'hui un peu plus que le cheval qu'il dompte, mais que dans le laps des temps il deviendra beaucoup moins ; que tout eſt bien, & que les vertus & les vices ſont des choſes de convention qui varient comme les climats, &c.

Les beaux eſprits diſoient ſur tout cela cent jolies choſes, & ces ſortes de ſaillies étoient le ſel de leurs écrits, la frivolité en faiſoit le fond. Il n'y avoit pas juſqu'aux romanciers qui n'en touchaſſent quelque choſe : ils vouloient faire voir qu'ils ſçavoient plus que décrire une fougue

amoureuſe ou gazer une obſcé-
nité. C'étoit même un moyen ſûr
& preſque unique de ſe faire un
nom & de ſe donner un certain
relief. Malheur à un habitant de
Mare qui étoit auteur, & penſoit
ſagement.

Cependant l'amertume avoit
rempli le cœur de Totis, & ſa
douleur croiſſoit comme le déſordre de ſon peuple. Nation folle,
s'écrioit-il, j'ai fait luire devant
toi le flambeau, & tu as fermé les
yeux; je t'ai ouvert les tréſors des
ſciences & des vertus, & tu leur as
préféré le clinquant de la frivolité
& du libertinage; je t'ai applani
les voies de la Sageſſe, & tu t'es

jetté dans celles de la Folie. Donne un coup-d'œil à ta conduite ; tu
auras honte de toi-même, & tu te
corrigeras.

Ce que Totis difoit à ceux qui
étoient à portée de l'entendre, il
le faifoit répéter dans les affem-
blées, fur les places publiques,
dans les temples : autant en em-
portoit le vent. » Totis vieillit &
» tombe, difoient les Egyptiens.
» Le pauvre homme n'a jamais été
» bien net des préjugés de l'en-
» fance & de l'éducation : s'il en
» avoit quitté quelques-uns, au-
» jourd'hui il en reprend le double.
» Il en eft le maître ; mais vouloir
» les faire paffer jufqu'à nous, c'en

» est trop. Oh ! s'il voyoit de nos
» yeux, c'est-à-dire des yeux de la
» philosophie ! Cependant Totis
» est un bon roi, il mérite nos
» égards ; il faut le laisser dire tout
» à son aise, & aller toujours notre
» train. « Ainsi parlerent les Egyptiens, & ils furent plus fous qu'auparavant.

Totis voyant que ses soins
étoient inutiles, & que tout alloit
de mal en pis, désespéra enfin de
pouvoir jamais ramener les Egyptiens. Il s'abandonna donc à sa
douleur, & pleura sur son peuple,
comme un pere pleure un fils
unique à qui la tête a tourné.

CHAPITRE XVI.

CHAPITRE XVI.

Ressource qu'on n'auroit pas imaginée.

Un jour que Totis se livroit à son chagrin, & paroissoit plongé dans une profonde rêverie, le Génie de la Sagesse qui étoit toujours à ses côtés, lui adressa la parole : » Quelles sombres idées » occupent ton esprit ? lui dit-il ; » à quoi penses-tu ? « Je pense à tenter un nouveau moyen pour corriger mon peuple, répondit Totis ; les sciences & les beaux arts n'ont pu le rendre meilleur,

je vais le plonger dans l'ignorance ; je vais interdire les académies, fermer les écoles, brûler
les bibliothéques ; je vais . . . . . .
» Tu vas tout perdre & ne rien
» gagner, interrompit le Génie.
» Celui qui eft bon, n'eft pas tel,
» ou parce qu'il eft ignorant ou
» parce qu'il eft fçavant, mais
» parce qu'il eft né avec un heu-
» reux naturel. L'ignorance ne
» peut ni diminuer ni multiplier
» le nombre des méchans ; c'eft
» le cœur qui caractérife, ce n'eft
» point l'efprit ; & le cœur, c'eft
» la nature qui le forme, ce n'eft
» point la fcience. Ecoute, To-
» tis, l'extrême folie & l'extrême

» sagesse sont également capables
» de faire le bonheur de la vie.
» Ton peuple est frivole & ex-
» travagant au point d'être pres-
» que heureux : gémis, si tu veux,
» de ce genre de félicité ; mais
» laisse-le jouir en paix de son
» ivresse. Les choses pourront
» changer. Penses-tu que la source
» des êtres ait dégénéré ? Les
» siecles sont à la nature ce que
» les années sont au laboureur ;
» les moissons qui se suivent ne
» sont pas également riches, &
» les générations qui se succédent
» ne sont pas également bien or-
» ganisées. «

Mais, reprit Totis, le petit

nombre de philofophes que la contagion a épargnés, & qui fe trouvent épars dans mon royaume, qu'en ferai - je ? Regardés comme des hommes d'une efpece finguliere, au lieu de les rechercher, on les fuit ; au lieu de les honorer, on les perfécute. Lâcherai-je la bride aux méchans, & abandonnerai-je la fageffe à la perfécution de la folie ?

» Hé bien, repliqua le Génie, » ces philofophes que tu ne peux » perdre de vue, ces fages, toi-» même fi tu veux, je vous ôterai » tous du milieu d'un peuple fi » peu digne de vous poffėder. » Sans vous priver de la vie, je

» vous priverai de la lumiere &
» de l'ufage des fens ; je vous
» réferverai pour les fiecles futurs,
» & vous reparoîtrez parmi des
» hommes peut-être plus hommes
» que ceux d'aujourd'hui. « Après
quelques éclairciffemens , Totis
accepta l'offre , & le Génie lui
prefcrivit ce qu'il avoit à faire.

Dès le lendemain Totis envoya
des députés dans toute l'Egypte,
avec ordre de dire aux fages qu'ils
euffent à fe rendre auprès de lui,
que leur récompenfe étoit prête,
& qu'il les attendoit. Les députés
partirent , & fe difperférent de
côté & d'autre du Nil, cherchant
les fages, & leur difant : Allez

vers le roi ; car votre récompense est prête, & il vous attend.

Cependant Totis fit creuser dans une montagne écartée, une grotte d'une étendue considérable. L'entrée en étoit fort étroite, & la voûte étoit percée à jour vers le sommet. Cette unique ouverture avoit à peine une demi - palme de diametre. Totis fit placer au milieu de la grotte un globe d'airain qui étoit rempli d'herbes incorruptibles & d'une grande vertu ; on dit même qu'il y ajouta des talismans.

A peine la grotte étoit achevée, que les sages arriverent de toutes les contrées d'Egypte.

Totis les assembla, & se levant au milieu d'eux : Mes amis, leur dit-il, vous avèz vu comme moi les désordres des Egyptiens, & comme moi vous en avez gémi. En vain vous avez voulu les rappeller dans les bornes de la sagesse, vos efforts & les miens ont été inutiles. Abandonnons un tel peuple, & réservons-nous pour des temps plus heureux. Ecoutez, ô enfans d'élection, j'ai fait construire une grotte où réside le sommeil appuyé sur un globe d'airain ; là nous nous enfermerons, si vous avez assez de courage pour imiter votre roi, & nous dormirons jusqu'à ce que les temps soient arrivés, & qu'il plaise à la nature de nous faire reparoître parmi des hommes peut-être plus dignes de nous posséder.

Le Génie de la Sagesse animoit la parole du roi ; les philosophes qui l'écoutoient furent comme transportés, & s'écrierent : Nous nous enfermerons dans la grotte avec Totis ; & s'il le faut, nous dormirons éternellement avec lui.

Il y en eut pourtant quelques-uns qui ayant compté faire une grande fortune, & voyant qu'il ne s'agissoit que de s'enfermer & de dormir, s'esquiverent & ne parurent plus. Totis applaudit à la réfolution des autres, & fixa le jour de leur entrée dans la grotte, au quatorze de la lune fuivante.

CHAPITRE XVII.

On aura peine à le croire.

Le jour à jamais mémorable où les fages d'Egypte devoient s'enterrer tout vivans étant arrivé, Totis après avoir mis ordre aux affaires de fon royaume, fe tranfporta dès l'aurore au pied de la montagne. La plupart des philofophes l'y avoient précédé, les autres arriverent bien-tôt. Il en fit le dénombrement : cinq cent étoient venus de la basse Egypte, & de la haute, cinq-cent. Mille & un sage entrerent donc dans la grotte, le quatorze de la lune, au moment où le soleil n'avoit encore élevé que la moitié de son globe au-dessus de l'horizon.

Aussitôt on mura l'entrée de la grotte ; & par la force des simples & des talismans contenus dans la boule d'airain, les Sages s'endormirent tous, les uns pour mille ans, les autres pour trois ou quatre mille, d'autres pour plus long-temps.

Leur sommeil, quoique très-profond, n'absorboit pas totale-

ment leur esprit. La Nature se
présentoit à eux en songe, & ils
continuoient de l'étudier. D'un
autre côté le Génie de la Sagesse
étoit souvent au milieu d'eux, &
les inspiroit.

Mais il n'y a point de vie sans
mouvement intérieur, point de
mouvement sans dissipation, point
de dissipation (si elle n'est réparée
par une nourriture proportionnel-
le) sans dépérissement. Ainsi, tandis que l'esprit des philosophes
dormans se perfectionnoit de jour
en jour, toute leur substance fon-
doit, & leur corps se consumoit
peu à peu, aux uns plutôt, aux
autres plus tard, suivant les de-

grés de mouvement & les tempé-
ramens.

Cette déperdition lente avoit
lieu jusqu'à ce que l'ame ne tînt
plus qu'à une petite portion de
matiere aussi légere qu'un égal
volume d'air. Alors cette parti-
cule, & l'ame qui y restoit attachée, erroient & voltigeoient de
côté & d'autre dans la grotte,
jusqu'à ce qu'elles s'échappassent
par l'unique ouverture qui avoit
été pratiquée au sommet de la
voûte. Elles entroient donc dans
l'atmosphere, & l'impulsion de
l'air les emportoit au hazard sur
la surface de la terre.

Mais quand cette parcelle précieuse se trouvoit à portée de quelque germe humain prêt à éclore, une force analogique l'attiroit, elle s'y joignoit comme le fer se joint à l'aimant, & elle animoit le corps qui devoit en résulter. Ainsi ce Sage reprenoit vie, ainsi il reparoissoit parmi les hommes. A mesure que ses organes se perfectionnoient, il se rappelloit ses anciennes connoissances, & les spéculations dont il s'étoit occupé pendant tant de siecles.

C'est à cette grotte que nous devons la sagesse de Socrate, la sublimité de Platon & la profondeur d'Aristote. Zenon y puisa la

morale févere, & Epicure la pure
volupté. Démocrite y conftruifit
fon monde, Defcartes le fien, &
Newton y jetta les fondemens de
fa nouvelle philofophie.

De temps en temps cette grotte
féconde exhale quelques philofophes, & avec eux la Science & la
Sageffe. Les hommes les voient
paroître en différens temps comme des aftres qui naiffent dans les
ténèbres. On les regarde comme
des prodiges, on ignore que leur
doctrine eft le fruit d'une méditation de plufieurs milliers d'années.

Ce qu'il y a de fingulier, c'eft
que les philofophes, en fe rappel-

lant leurs anciennes idées, n'ont jamais remonté jufqu'à leur entrée dans la grotte. Cet événement s'eft totalement effacé de leur mémoire, la tradition feule nous en inftruit. Pythagore, il eft vrai, étoit intimement convaincu que fon ame, avant que de paffer dans fon corps, en avoit animé un autre. Il porta le reffouvenir jufques-là, mais il ne put jamais démêler le refte ; l'hiftoire des philofophes dormans du nombre defquels il avoit été, ne fe retraça point à fa mémoire. Sur ce fentiment intime, mais obfcur, qu'il avoit de l'ancienneté de fon ame, il bâtit le fyftême de la métempficofe, &

se trompa. Platon, le divin Platon, sentoit bien qu'il n'apprenoit rien de neuf, & qu'il ne faisoit que se ressouvenir ; mais il ne se rappella jamais qu'il avoit dormi dans la grotte, & que c'étoit là qu'il avoit puisé toutes les idées qui, de jour en jour, se représentoient à son esprit. Il crut que tous les hommes étoient comme lui, il imagina son systême de la réminiscence, & se trompa comme Pythagore.

Apprenons donc à respecter les philosophes, mais mettons des bornes à notre vénération. La tradition nous apprend que dans la grotte le Génie de la Sagesse les

les inſpira quelquefois, & que le
reſte du temps ils s'occupoient
de leurs ſonges. Quand ils con-
templent le monde moral & po-
litique; quand ils nous inſpirent
de la vénération pour les loix, de
l'amour pour les vertus, de l'hor-
reur pour le déſordre; quand ils
nous enſeignent à régler les mouvemens de nôtre cœur, à réprimer
nos paſſions, à être heureux, ils
méritent ſans doute nos homma-
ges; leur doctrine eſt celle du
Génie de la Sageſſe, ils n'en ſont
que les organes. Mais emploient-
ils les preſtiges du raiſonnement
pour obſcurcir toutes nos idées,
s'occupent-ils à confondre les li-

mites du bien & du mal, débitent-
ils ces systêmes physiques si dangereux pour le moral ? ne les ré-
gardons plus que comme des
hommes foibles & ignorans, qui
nous racontent les songes qu'ils
firent jadis dans la grotte d'E-
gypte.

FIN.

ESSAI

SUR LA NATURE

DE L'AME,

OU

EXAMEN DE CETTE CÉLEBRE PROPOSITION DE M. LOCKE: *Dieu peut donner, s'il véut, à certains amas de matiere, disposés comme il le juge à propos, la faculté d'appercevoir & de penser.*

BIGARRURES

PHILOSOPHIQUES.

ESSAI
SUR LA NATURE DE L'AME.

§. I.

Opinions pour & contre l'imma-
térialité de l'âme.

Si dans un objet je ne trouvois
que de la matiere & point de pen-

fée, quoique je ne connoisse que très-imparfaitement la nature des corps, je rangerois cet objet parmi tant d'autres qui m'environnent, & rien ne m'inquiéteroit à son égard. Si je n'y remarquois que de la pensée, & point de matiere, quoique je n'aie des purs esprits qu'une idée encore plus imparfaite que des corps, je rangerois cet objet parmi ces esprits, & rien ne m'étonneroit, parce que tout me paroîtroit dans l'ordre. Mais lorsque j'apperçois la matiere & la pensée réunies dans l'homme, toutes mes idées se confondent, & je ne sçais plus quelle image me faire de moi-même.

Je me tourne du côté de mes semblables, & je leur demande, si eux qui sçavent tant de choses, sçavent ce qu'ils sont. Mais au lieu de trouver ce consentement unanime sur lequel je ne balancerois pas à me reposer, je trouve au contraire qu'ils se contredisent si formellement, qu'un nouveau sujet d'étonnement pour moi, c'est de voir que des êtres de la même nature, cherchant par les mêmes moyens à se connoître eux-mêmes, puissent tenir des opinions si directement opposées.

Les uns disent : « Il n'en faut » pas douter, l'homme est un » composé d'esprit & de corps. «

H iv

Les autres disent : « L'ame n'est
» qu'une vapeur légere, & l'hom-
» me une pure machine, mais une
» machine pensante. »

Depuis plus de deux mille ans
on dispute sur cet objet, sans pouvoir se concilier. Les connoissances que les générations se transmettent, & qui vont toujours en
croissant, n'ont pu réunir les sentimens. Les objections, les réponses ; les discussions pour &
contre se multiplient à proportion
que nos lumieres augmentent.

§. II.

Doutes de M. Locke & de son école.

Au milieu de ce conflit de sentimens & d'opinions diverses, je remarque quelques philosophes qui ne prenant aucun parti tiennent le milieu & restent dans le doute.

Leur conduite me paroît mériter une extrême attention. Ils disent aux uns : Nous convenons qu'il se peut que l'ame soit spirituelle ; mais vous soutenez qu'il ne se peut qu'elle soit matérielle, & vous avez tort. Ils disent aux autres : Nous convenons que l'ame peut être matérielle ; mais vous soutenez qu'elle ne peut être spirituelle, & vous n'avez pas plus raison que vos antagonistes. Nous avons tout lieu de croire qu'il est des êtres purement intelligens : pourquoi l'ame ne seroit-elle pas de ce nombre ? D'aussi fortes raisons nous font croire que la matiere peut penser : pourquoi l'homme seroit-il autre chose que matiere ? Autant qu'il est certain que ces deux choses sont possibles, autant il est incertain laquelle des deux a lieu. Dieu qui peut tout, peut créer un esprit & l'unir à un corps ; mais parce qu'il peut tout,

il peut auſſi donner à la matiere
arrangée comme il le juge à pro-
poꜱ, la faculté d'appercevoir &
de penſer. Celui qui a tiré les
ſubſtances du néant, les a douées
comme il a voulu. Qui a meſuré
la puiſſance de Dieu ? qui oſera
dire, Son bras s'étend juſques-là
& ne paſſe point outre ?

§. III.

De fortes raisons semblent nous engager à adopter ces doutes, de plus fortes doivent nous porter à faire tous nos efforts pour en sortir.

JE trouve d'abord cette façon de penser si modeste, ces doutes si respectueux à l'égard de la Providence, & cette incertitude si placée dans une question de ténébres, que mon premier mouvement me fait pencher de ce côté, & me prévient en faveur de ces philosophes.

D'ailleurs, j'apperçois parmi eux des génies si éclairés, & d'une telle pénétration, que la premiere idée qui se présente, c'est que s'il y avoit dans ce problême intriqué quelque solution à attendre, ils n'auroient pas manqué de la saisir & de nous en faire part.

Jusques-là tout nous porte à réprimer les saillies de notre curiosité, & à nous épargner les fatigues que nous ne pouvons manquer d'essuyer dans la recherche d'une vérité qui a échappé à de si grands hommes.

Mais si nous venons à examiner l'importance de l'objet, si nous considérons qu'il s'agit de nous-

mêmes ; & de reſter muets ſur notre propre eſſence ; je penſe que l'é-
tat de doute deviendra un état violent, & que bientôt nous ferons
tous nos efforts pour en ſortir.

Il y a plus ; ſi l'ame eſt immatérielle, elle eſt inaltérable ; tout
paſſe & elle reſte : ſi elle eſt matérielle, elle eſt corruptible. Seroit-
ce une étincelle qui brilleroit pour
un moment & s'évanouiroit pour
toujours ?

L'immortalité de l'ame eſt une
choſe qui nous importe ſi fort &
nous touche ſi profondément, qu'il
faut avoir perdu tout ſentiment
pour être dans l'indifférence de
ſçavoir ce qui en eſt. Je le dis

d'après un des plus grands génies qui aient jamais exifté.

Ainfi, bien loin de trouver ma tranquillité dans ce doute qui d'abord m'avoit paru fi raifonnable, je n'aurai point de repos que je n'en fois forti. Je m'éleverai donc de toutes mes forces dans la fphere des connoiffances humaines; & parmi tous les objets vacillans dont elle eft remplie, je tâcherai de découvrir quelque point fixe où je puiffe m'attacher.

Au furplus qu'on ne m'objecte pas qu'indépendamment de toutes les réflexions qu'on peut faire, il fera toujours vrai de dire, que Dieu a pu vouloir que la matiere

arrangée d'une certaine façon eût
le don de penser. Proposition purement illusoire : car Dieu a pu
aussi vouloir que la matiere arrangée de quelque façon que ce
soit, fût absolument incapable de
penser.

Je ne cherche pas ce que Dieu
a pu, je cherche ce qu'il a voulu ;
& autant que la témérité de celui
qui chercheroit quel est le pouvoir de l'Etre suprême, seroit ré-
préhensible & mériteroit d'être
réprimée ; autant le zele de celui
qui cherche quelle a été sa vo-
lonté, est louable & mérite d'être
encouragé.

Si les raisons que je vais établir

font

font fans force, elles ne prouvent rien, elles laiffent chacun dans fa maniere de penfer, & ne font ni bien ni mal. Si elles ont de la force, elles confirmeront dans l'opinion qu'elles appuient, ceux qui l'ont adoptée, & pourront y amener ceux qui la rejettent.

§. IV.

Si c'est la matiere qui pense, le mouvement accompagne nécessairement la pensée.

CELUI qui assure que la matiere pense, assure une chose tout-à-fait inconcevable ; mais, supposant que la matiere pense, assurer qu'elle penseroit sans entrer en aucune espece de mouvement, ce seroit assurer une autre chose tout aussi inconcevable, ce seroit entasser l'incompréhensible sur l'incompréhensible, & se creuser un abyme d'obscurités & de contradictions.

Penser, c'est agir de la part de l'être penfant; tel eſt le fentiment de M. Locke, de tous les fiens, & de tous les philoſophes. Si c'eſt la matiere qui dans nous a la faculté d'appercevoir & de penfer, toutes les fois qu'elle apperçoit & qu'elle penfe, elle eſt donc en action; & comment concevoir qu'un corps eſt en action, fi on ne conçoit qu'il eſt en mouvement? Ainfi, quoiqu'il ne faille pas confondre le mouvement avec la penfée, il faut dans cette hypo-thèfe convenir que celle-ci ne peut exiſter fans l'autre.

Suppofons un amas de matiere arrangée de la maniere que Dieu le juge à propos pour qu'elle pense ; toute l'école de M. Locke nous assure que jamais cet amas n'aura de pensées, si les objets ne viennent à agir sur les organes dont il est pourvu. Mais que résulte-t-il de l'action des objets sur les organes ? Un certain mouvement. Ce tas de matiere ne pourra donc jamais penser, s'il n'y survient certains moùvémens.

Voyez ce cadavre, & dites d'où procede son insensibilité totale. Cette faculté de penser que vous lui accordiez il n'y a qu'un moment, il ne l'a plus maintenant, il en est privé pour toujours. Quel changement y est-il survenu ? Vous ne voulez pas que je vous dife qu'il étoit & n'eft plus uni à un efprit ; il me refte à vous dire qu'il n'y a qu'un moment il pouvoit opérer certains mouvemens, il ne le peut plus maintenant & ne le pourra jamais.

Quelques perceptions qu'on ait, ou elles font nouvelles, ou l'on ne fait que fe les rappeller : fi c'eft la matiere qui penfe, les premieres ne peuvent furvenir fans une émotion des fens externes, les fecondes ne peuvent furvenir fans une émotion des fens internes ; donc point de perception fans mouvement.

§. V.

Le mouvement qui accompagne nécessairement la pensée, (suppposé que la matiere pense) ne peut être qu'un mouvement interne, un mouvement des parties du corps pensant.

Il faut distinguer deux sortes de mouvemens ; un du tout, comme d'un homme qui se promene ; un des parties, comme de la main, de l'œil, d'une fibre. Il est clair que le mouvement du tout n'a aucun rapport à la pensée, & qu'elle est liée au mouvement des parties, tel que celui des fibres :

vous tranfporterez un homme endormi à l'autre bout de la terre, fans qu'à l'occafion de ce qui fe paffe fur fa route, il lui furvienne la moindre idée. Mais dès qu'un objet agitera un peu vivement les fibres qui compofent l'organe du toucher, ou de quelque autre fens, il fe réveillera, il fentira, il verra ce qui fe paffe autour de lui.

Qu'un vaiffeau aille à pleines voiles, & auffi vîte qu'on voudra le fuppofer, un homme affis dans une chambre de ce vaiffeau n'aura aucune fenfation à l'occafion du mouvement rapide qui l'emportera. On a encore bien de la peine à faire croire à certaines gens que

la terre tourne & nous emporte ;
le raisonnement l'a persuadé aux
autres, personne ne sent une force
qui nous fait faire quatre à cinq
lieues en une minute. Que la terre
aille mille fois plus vîte, le raisonnement nous en avertira, jamais
le sentiment. Le système solaire
entier (& par conséquent chacun
de nous) auroit un mouvement
de vibration aussi vif que celui
que prennent les cordes d'un vio-
lon sous l'archet, sans que nous
puissions en avoir le moindre sentiment. C'est que tous ces mouvemens font du tout, & que pour
exciter une sensation, ou une perception, ou une pensée, (car tout

cela eſt de la même nature) il faut
un mouvement des parties.

Bornez, ſi vous voulez, le corps
penſant à une petite étendue ,
placez ce corps dans le cerveau,
& regardez les organes des ſens
comme des inſtrumens qui l'aver-
tiſſent de ce qui ſe paſſe au dehors.
J'admets l'hypothèſe, & je dis :
cet avertiſſement conſiſte dans
une émotion ſurvenue aux organes, & enſuite communiquée au
corps penſant ; car s'il ne ſe com-
muniquoit pas de mouvement, le
corps penſant reſteroit invariable-
ment le même, & comme rien ne
peut ſurvenir de rien , il n'y pourroit ſurvenir de penſées, puiſqu'il

n'y surviendroit aucun changement. Je dis encore que ce mouvement communiqué au corps
penfant, ne peut être qu'un mouvement de fes parties, fans quoi il
ne furviendroit point de penfées.
Les raifonnemens que nous venons de faire ont ici la même
force : quoi que le mouvement
du yaiffeau, par exemple, ne fût
pas communiqué au corps penfant
par la voie des organes, ce corps
n'en feroit pas mcins en mouvement, & le fentiment devroit furvenir fi le mouvement local, ou
du tout, le pouvoit occafionner ;
car, s'il fent quelquefois, ce n'eft
pas parce que le mouvement qu'il

prend alors vient des organes, c'est parce qu'il prend du mouvement.

Voici encore une autre preuve, ou plutôt une démonstration. Le mouvement qui survient au corps pensant par l'organe de la vue, est tout différent de celui qui lui vient par l'organe de l'ouïe ; il en est de même des autres sens. Mais souvent nous jouissons de tous nos sens à la fois ; nous pouvons, par exemple, voir, entendre & toucher dans le même instant. Il faut donc que les différens organes agissent sur différentes parties du corps pensant, car ce corps ne peut pas prendre en même temps différens mouvemens.

Bien plus, chaque organe prend dans ses parties différentes, différens mouvemens, qu'il faut qu'il transmette en même temps au corps pensant ; or, comment le pourroit-il, s'il ne trouvoit dans ce corps différentes parties correspondantes dont chacune reçoive un mouvement particulier ? Les figures, les grandeurs, les couleurs, que de choses vous voyez à la fois ! Que de milliers de mouvemens différens imprimés en même temps dans les fibres de la rétine ! Que de parties distinctes il faut que vous admettiez dans le corps pensant, pour qu'il puisse recevoir dans le même instant tant d'impreſſions diverſes, ou, ce qui eſt la même choſe, pour qu'il apperçoive par le ſens de la vue.

Je crois voir la raiſon de la maxime que nous établiſſons. La ſucceſſion des penſées ne ſçauroit être qu'une ſucceſſion de changemens, quels qu'ils ſoient, dans la ſubſtance penſante, quelle qu'elle ſoit. Mais il ne peut ſurvenir de changement dans la ſubſtance d'un corps, que par le mouvement des parties ; le mouvement du tout, le mouvement purement local, n'y en opere manifeſtement point, & par conſéquent ne peut y occaſionner la moindre perception.

Mais, dira-t-on, le repos est une maniere d'être du corps, le mouvement est une autre maniere d'être du corps ; donc il y a changement dans un corps qui du repos passe au mouvement.

Il faut distinguer deux sortes de changemens, un proprement dit, & l'autre relatif, ou plutôt qui n'en est pas un. Le premier se considere dans le corps même, & ne peut survenir que par un mouvement des parties : c'est ainsi qu'un globe ne peut devenir cylindre, que par le mouvement des parties qui s'arrangent sous la forme cylindrique. Le changement relatif n'est pas à beaucoup près de cette nature. Soit *A* éloigné de deux pieds de *B ;* qu'il prenne un mouvement purement local qui l'en écarte de trois autres pieds ; voilà dans *A* un changement relatif à *B.* Mais dans l'inftant que *A* termine fon mouvement & fe trouve à cinq pieds de *B.* il n'en eft pas moins *A.* il n'en eft pas moins rond, ou quarré, ou tout ce qu'il étoit auparavant. Il n'y eft pas furvenu le moindre changement réel. Ce que nous difons de cet inftant où il commence d'être à cinq pieds de *B,* nous le pouvons dire de l'inftant précédent où il n'en étoit qu'à quatre pieds, & de l'autre où il n'en étoit qu'à trois, & de l'autre où il n'en étoit qu'à deux ; donc de deux à cinq, c'eſt-à-dire pendant toute la durée du mouvement qui l'em-portoit, point de changement réel, par conſéquent point de penſée.

Si le mouvement local occa-ſionnoit la penſée, la différence qui ſe trouve entre nos percep-tions, en ſuppoſeroit une correſ-pondante entre les mouvemens locaux. Il y a une grande diffé-rence entre la perception qui ſur-vient dans nous à la vue d'un cercle, & celle qui y ſurvient à la vue d'un triangle. Je voudrois bien qu'on imaginât comment la

vue

vue d'un cercle pourroit exciter un mouvement local tout différent de celui qu'exciteroit la vue d'un triangle.

Il eſt donc prouvé & même démontré que, ſuppoſé que le corps penſe, le mouvement qui accompagne néceſſairement la penſée, eſt un mouvement de parties.

Ainſi partout où je trouverai un corps dont les parties ne puiſſent entrer en aucun genre de mouvement, j'aurai droit de conclure que ce corps eſt abſolument privé de la faculté de penſer, & que quelques propriétés qu'il puiſſe avoir d'ailleurs, elles ne peuvent s'étendre juſques-là.

Partie I.   K

Si nous cherchons des corps de cette nature, la physique nous montre les élémens.

§. VI.

Il est donc impossible que les élémens pensent, car il n'y peut survenir aucune espece de mouvement interne.

On sçait jusqu'à quel point l'art divise certains corps, l'imagination en est étonnée. La nature, dans ses travaux, porte la division bien plus loin encore, mais enfin elle s'arrête à certain point ; la matiere est peut-être divisible, non pas divisée à l'infini. Les dernieres parcelles ou la division cesse dans les travaux de la nature, nous les appellons atômes, élé-

mens, principes, il importe peu
du nom.

Ainſi un élément eſt une maſſe
fort petite, mais une maſſe immuable en elle-même, & dans
laquelle il ne peut ſurvenir ni diviſion, ni altération, ni mouvement de parties quelconque. Ce
n'eſt point ici une de ces vérités,
qui tirent peu à conſéquence ; la
conſiſtence de tout l'univers porte
ſur cette invariabilité.

Puiſqu'il eſt de l'eſſence de
l'atôme d'être immuable en lui-
même, il eſt contre ſon eſſence
de pouvoir appercevoir. Il n'a
pas plus la faculté de penſer, que
celle de pénétrer un autre élé-

ment, ou d'en être pénétré. Il ne peut pénétrer ni être pénétré, parce qu'il occupe nécessairement un espace, il ne peut penser parce qu'il est inaltérable, parce qu'aucune de ses parties intelligibles ne peut entrer en mouvement.

Dira-t-on que le mouvement des parties, quoique néceſſaire aux agrégats, ou compoſés, ou corps penſans, pour qu'ils penſent, pourroit n'être point néceſſaire à chaque élément, mais ſeulement le mouvement local ?

Cela ne peut être, car en ce cas le mouvement local ſuffiroit auſſi à l'agrégat pour qu'il penſât, puiſque ce mouvement appartiendroit

à chacun des élémens qui le composent, & que ce mouvement
suffiroit à chacun d'eux pour appercevoir.

De plus, il est certain que les
élémens ont des parties intelligibles, respectivement immobiles à
la vérité, mais toujours placées
les unes hors des autres. Un élément est donc un petit agrégat
dont aucune parcelle ne sçauroit
se déplacer ; & nous avons démontré que jamais corps ou agrégat n'appercevra, s'il n'y survient
un mouvement interne, un dépla-
cement respectif des parties.

Si contre nos connoissances les
plus certaines, & j'ose dire contre

l'évidence, on objectoit que les élémens peuvent être composés de parcelles mobiles (non pas au point de pouvoir altérer essentiellement la forme de l'atôme, mais assez pour donner lieu à quelques légeres impressions) ; dès-lors je laisse ces prétendus élémens qui n'en sont plus, & ce que j'en ai dit, je le dirai de chacune des parcelles mobiles qui les composent, je dirai qu'au moins celles-ci n'ont aucunes parties réellement distinctes, & ne sçauroient être susceptibles d'aucun mouvement interne. Et si vous y admettiez encore une division réelle en plusieurs fragmens, je laisserai encore

K. iv

ces parcelles; & ce que j'en ai dit,
je le dirai de chacun de ces fragmens. De maniere que si loin
qu'on s'écarte par cette voie dans
l'infiniment petit, je ramenerai
toujours à des principes absolument immuables en eux-mêmes,
& par-là même absolument incapables de penser; & ces derniers
corpuscules, ces principes, seront
les élémens proprement dits, les
véritables atômes.

§. VII.

Les élémens féparés ou combinés font les mêmes en tout point; ils ne peuvent donc pas plus penfer dans une circonftance que dans l'autre.

Nous n'avons point refufé la faculté d'appercevoir & de penfer aux élémens, fous prétexte que nous ne voyons pas quelle propriété la leur donneroit. Mais comme leurs propriétés vifibles font incompatibles avec la penfée, nous avons conclu que parmi leurs propriétés cachées, il ne s'en trouve point qui puiffent les

faire penser ; autrement ils auroient des facultés contradictoi-
res, ils pourroient & ne pourroient
point. Nous sommes donc certains que les élémens ne peuvent
absolument penser, ou nous ne
sommes certains de rien, & nos
plus sûres maximes ne font que
des erreurs.

Mais une parcelle qui ne peut
penser, unie à une autre parcelle
qui pareillement ne peut penser,
ne sçauroit faire un tout qui pense :
zéro joint à zéro, ne fera jamais
que zéro.

Si nous remarquons bien, nous
devons voir que les corps tiennent
toutes leurs propriétés des élé-

mens dont ils ſont compoſés. Ils ſont figurés, parce que les élémens le ſont. Ils ont de la mobilité, parce que les élémens en ont *.
Nommez-moi une qualité des corps qui n'émane pas des principes.

Dépouillez au contraire l'élément de ces qualités, jamais vous ne pourrez les concevoir dans les corps. Pourriez-vous concevoir comment des élémens qui n'auroient point de figure, formeroient des corps figurés ? Penſez-vous que deux atômes qui n'auroient

---

* On parle ici d'un mouvement local, & non d'un mouvement interne ; d'un mouvement du tout, & non d'un mouvement des parties intelligibles de l'atôme.

point de mobilité, pourroient compofer un tout mobile, & que l'un donneroit à l'autre ce qu'il n'a pas lui-même ? Nous devons croire au contraire qu'un élément de cette nature, bien loin de donner la faculté de fe mouvoir à ce qui ne l'auroit pas, ôteroit le mouvement à ce qui en feroit pourvu : un pareil atôme feroit capable de fixer tous les corps naturels, & de jetter l'univers dans l'engourdiffement.

Confultons les chymiftes ; accoutumés à rechercher les corps dans leurs principes, & à manier les élémens, ils peuvent, ce femble, plus que perfonne nous donner les éclaircissemens que nous desirons. Demandez-leur si dans les combinaisons les élémens acquierent quelques nouvelles propriétés, & si les résultats prennent quelque qualité qui ne dérive point des principes ? Ils ne manqueront pas de vous répondre que cela est impossible ; que dans les mélanges & les unions tout se modifie & rien ne se produit ; qu'un acide, par exemple, a une qualité, un alkali une autre, & que le sel neutre résultant de leur union, en prend une moyenne qu'il tire & de celle de l'acide & de celle de l'alkali.

Il est contre la nature des élé-

mens d'être pénétrables, il en est
de même des mixtes qu'ils composent : il est contre la nature des
élémens de penser, il en est de
même des corps qu'ils forment par
leurs combinaisons.

Si deux élémens réunis pensent,
chaque élément participe à la
pensée ; mais, participer à une
pensée, c'est penser, & l'élément
en est absolument incapable.

Mais, dira-t-on, pourquoi nier
que de l'union de deux élémens
qui ne peuvent penser, il en puisse
résulter un tout qui en soit capable : de l'union de deux ou trois
élémens, dont chacun ne peut
plier, n'en résulte-t-il pas tous les

jours un tout qui peut plier : eſt-il un corps dans la nature qui n'en fourniſſe un exemple ?

Examinons la valeur des termes, & voyons ſi cette objection ne roule pas plutôt ſur les mots que ſur la choſe. Plier, n'eſt autre choſe que ſe mouvoir d'une certaine maniere. Ainſi, au lieu de dire l'union de deux élémens qui ne peuvent plier, forme un tout qui plie, il faut dire, deux élémens qui peuvent ſe mouvoir en tout ſens, étant unis forment un tout qui peut ſe mouvoir de cette maniere qu'on appelle plier. Et dès lors on voit que ces élémens, étant unis, n'ont aucune faculté qu'ils n'eussent pas étant séparés. Ils n'acquierent rien dans les combinaisons, ils ne perdent rien dans les décompositions ; ensemble ou à part, ils n'ont rien de plus, rien de moins.

Quoiqu'un atôme ne vive point, un composé d'atômes, un animal vit ; de même, quoiqu'un atôme ne pense point, un composé d'atômes, un animal pense. Cette objection, si forte au premier coup-d'œil, se réduit par l'analyse à la précédente, & s'évanouit avec elle. La vie n'est autre chose qu'action & réaction des parties d'un individu. Les élémens peuvent former des corps où ces sortes
de

de mouvemens se rencontrent, parce qu'eux-mêmes ils sont mobiles; mais ils ne formeront jamais de corps qui pensent, parce qu'eux-mêmes ne peuvent penser.

La perception & la pensée ne pouvant s'accorder avec l'essence des élémens séparés, ne peuvent s'accorder avec l'essence des élémens combinés, car cette essence ne change point. Qu'importe à leur nature que deux élémens soient à cent pas ou à une ligne l'un de l'autre, qu'importe qu'ils se touchent & s'unissent?

Si la crainte d'être réduit à de dernieres extrémités, portoit jusqu'à faire imaginer que les atômes,

Partie I. L

toujours inaltérables quand ils font folitaires, deviennent fufceptibles d'une mobilité interne quand ils font combinés dans les corps ; on imagineroit une chofe qui, je penfe, n'a encore tombé dans l'efprit d'aucun philofophe, & qui non feulement ne porteroit fur rien, mais ne feroit pas même capable d'arrêter le fil de nos raifonnemens. En effet, cela fuppoferoit que les parties intelligibles des atômes, deviendroient réellement diftinctes, & pourroient prendre de nouvelles fituations. Mais dès-lors nous reprendrions le raifonnement que nous avons déjà fait ; nous laifferions ces atômes qui n'en font plus, tout ce que nous en difons, nous le dirions de leurs parties, & les conféquences que nous avons tirées reviendroient toujours. Si quelqu'un vouloit aller plus loin, & admettre encore un mouvement interne dans ces parcelles d'atômes, nous continuerions de l'attaquer par les mêmes principes, & il s'arrêteroit enfin, ou nous le forcerions de fuppofer dans la matiere une actuelle divifion à l'infini, ce qui eft abfurde.

Laiffons donc aux élémens leur immutabilité naturelle, & continuons de les examiner dans leurs combinaifons. Voilà deux élé-

mens qui se réunissent & forment
un corps. On suppose que l'un
des deux restant en repos, l'autre
vienne à recevoir quelque impression, & à se mouvoir. On demande
si, à l'occasion de ce mouvement,
il se peut faire qu'il survienne des
pensées dans ce corps. Si quelque
chose de ce corps pense, ou c'est
l'atôme qui reste en repos, ou
celui qui entre en mouvement,
ou le composé des deux, le tout.
Ce ne peut être l'élément qui est
immobile, car il n'y est survenu
aucune impression : il n'est pas
plus affecté que s'il étoit seul dans
l'univers. Ce n'est pas non plus
celui qui est en mouvement, car

ce mouvement est local, c'est-à-
dire, transporte l'élément d'un
point à un autre point, & nous
avons vu qu'un mouvement de
cette nature ne peut occasionner
aucune pensée. Enfin, ce ne peut
être le tout, car ce tout n'est autre
chose que l'un & l'autre élément,
& nous voyons que ni l'un ni
l'autre ne pensent, ni ne peuvent
penser.

§. VIII.

Donc aucun corps, soit brute, soit organique, ne peut penser.

PUISQUE deux élémens qui ne peuvent penser, ne sçauroient par leur union faire un tout qui en soit capable, à ces deux élémens ajoutez-en d'autres en telle qualité & proportion que vous voudrez, deux élémens ne peuvent penser, trois ne le pourront pas davantage, ni dix, ni cent, ni des millions.

Imaginez quelque corps que ce puisse être, & sous quelque forme

que ce soit, il ne sera jamais composé que d'élémens : représentez-
vous ces élémens dans tel état
que vous voudrez, vous ne pourrez jamais les concevoir que dans
le repos ou dans un mouvement
local, car de mouvement des parties, de mouvement interne, il ne
peut pas plus s'en trouver dans
chacun des élémens combinés,
que dans chacun des élémens féparés & folitaires : aucun d'eux ne
fçauroit donc penser, le corps ne
fçauroit donc penser non plus, car
ce corps n'eft autre chofe que la
collection de ces élémens.

Prenez du phlogiftique, de l'air,
de l'eau & de la terre, & faites

des pierres, des sels, des métaux,
des minéraux de toutes especes ;
faites des racines, des branches,
des végétaux de tout genre ; faites
enfin des vaisseaux, des chairs,
des os, toutes sortes de corps du
regne animal ; vous n'assemblez
que des atômes, vous n'opérez
que des combinaisons ; vous mo-
difiez tout ce qui est, mais vous
ne ferez jamais naître ce qui n'est
pas ; tous les corps naturels sor-
tiront de vos mains, & il n'en sor-
tira pas un seul être qui ait la faculté de penser, ni qui en soit
susceptible.

On a dit, les corps organiques
peuvent penser, quelques-uns ont

dit la même chofe des corps brutes,
d'autres enfin y ont ajouté les élémens ; & ainfi, en defcendant des
corps aux principes, on a cru voir
que toute matiere penfe. Nous au
contraire nous difons, les élémens
ne peuvent penfer, ni conféquem-
ment les corps brutes, ni confé-
quemment les corps organiques ;
& ainfi, en remontant des principes aux corps, nous trouvons
que rien de matériel ne penfe, ni
ne peut penfer,

    Que le lecteur fe place au milieu
de nous, & juge. On lui repréfente
d'un côté, que Dieu a pu vouloir
que la matiere fût capable de perception ; & que fi nous ne conce-

vons pas comment cela ſe fait; on ne concevoit pas mieux cette ſubſtance immatérielle qu'on veut ſubſtituer à la matiere. On lui repréſente de l'autre côté, que Dieu peut avoir voulu que la matiere fût incapable de perception, & que ſi nous ne concevons pas une ſubſtance immatérielle qui apperçoive, nous ne concevons pas mieux comment la matiere appercevroit. Juſques-là il n'y a point de parti à prendre; tout eſt égal de part & d'autre, puiſque chacun d'une main préſente des inconvéniens de la même nature, & de l'autre s'appuie ſur la Toute-puiſſance de Dieu. Mais ſi d'un côté on ne peut nier qu'il puiffe exifter des êtres purement intelligens, & fi de l'autre on prouve que la matiere, fous quelque forme qu'elle fe préfente, ne peut abfolument penfer ; je m'imagine que dès-lors il n'y a plus à balancer, & qu'il faut néceffairement avouer l'immatérialité de l'ame.

§. IX.

Plus on y regarde de près, moins on trouve que les élémens soient capables de perception.

JE crains que pour attaquer les vérités que nous venons d'établir, on ne veuille dire des élémens ce que Hobes a hazardé au sujet des corps brutes. « Qu'un élément, » dira-t-on, soit susceptible d'un » grand nombre d'idées, qu'il ait » de la mémoire, du raisonnement, » du jugement, c'est ce qui n'en- » trera pas aisément dans l'esprit : » mais au moins peut-il avoir une » pensée unique & permanente.

« Un homme qui n'auroit que le
» fens de la vue, & dont les yeux
» immobiles feroient continuelle-
» ment fixés fur un feul objet qui
» de fon côté feroit invariable, cet
» homme ne verroit pas, en quel-
» que forte, il feroit dans une
» efpece d'étonnement & d'extafe
» incompréhenfible. Tel pourroit
» bien être l'état d'un atôme pen-
» fant. «

Il n'eft pas difficile de répondre
à cette objection. Si l'on donne
la comparaifon pour jufte, & qu'on
prétende que la même chofe fe
paffe dans l'élément & l'homme
extafié, je dirai que cela eft impof-
fible. Car cet homme ne s'occupe

de son objet, que tant qu'il y a un certain mouvement dans l'organe de la vue qui en soutient l'idée ; si le repos succede, cet homme perdra tout son objet de vue, au point qu'il s'endormira. Ainsi, pour soutenir dans un atôme quelque idée que ce soit, il faudroit de même une continuité de mouvement interne, & nous en avons démontré l'impossibilité.

Si l'on entend que l'élément dans un parfait repos, peut avoir sans cesse une pensée unique & extatique ; je dirai pour lors que la comparaison n'a aucune justesse, ni l'assertion aucun fondement. La comparaison n'est pas juste, puisqu'il y a mouvement dans les organes de l'homme extasié, & qu'on n'en veut plus admettre dans l'atôme. L'assertion ne porte sur rien ; car comment imaginer dans un atôme parfaitement en repos, une pensée qu'on ne peut imaginer dans un homme, sans y supposer un mouvement actuel.

On se borne à donner une seule & unique pensée à chaque élément, parce qu'on voit qu'en y faisant succéder diverses idées on feroit obligé d'y faire succéder divers mouvemens internes, ce qui répugne à la nature de l'atôme. Mais si la matiere pense, non seulement la variation des mouve-

mens est nécessaire à la variation
des pensées, le mouvement actuel
est encore nécessaire à une pensée
quelconque ; ainsi, en ne donnant
qu'une seule pensée permanente à
un atôme, il faut y admettre aussi
une sorte de mouvement interne
permanent, ce qui répugne tout
autant à sa nature que la variété
des mouvemens.

Peut-être, dira-t-on, que le
mouvement est nécessaire pour
faire naître une nouvelle pensée,
mais que la pensée une fois exis-
tante peut subsister par elle-même
quoique tout mouvement ait cessé :
en ce cas la pensée seroit attachée
à certaine figure, à certaine forme
de

de la matiere penſante ; & chaque élément ayant une certaine forme, devroit avoir une certaine penſée.

Ce que nous avons dit pour prouver que ſi les corps penſent ils ne le peuvent ſans une ſorte de mouvement actuel interne, regarde autant les corps ſimples, les atômes, que les corps compoſés, les mixtes. S'il faut du mouvement dans ceux-ci, il en faut dans ceux-là ; car on ne voit pas quel privilége ils pourroient avoir à cet égard. Et ſi l'on ſe portoit juſqu'à dire que la forme, la ſituation des parties dans les corps compoſés, ſuffit pour établir la penſée ; outre l'expérience qui prouve le contraire,

Partie I.   M

on sera obligé de convenir, comme quelques philosophes l'ont objecté, que les cadavres pensent aussi bien que les corps vivans; car comme eux ils ont une certaine forme, une certaine figure, une certaine situation des parties. Bien plus, comme la mort introduit dans les cadavres la fermentation, & enfuite la corruption; & comme la fermentation change à chaque instant la situation des parties insensibles qu'elle agite en tout sens, il suit qu'à chaque instant les pensées doivent varier dans les cadavres. Il faudroit donc reconnoître dans ces débris des corps vivans, une suite d'idées plus nombreuses & plus vives que jamais, & c'est se réduire à l'absurde.

Ne pensez pas que ce ne seroit plus vous-même qui après votre mort, auriez ces idées, qu'elles appartiendroient à des millions d'atômes qui se détacheroient du cadavre dans les différens chocs occasionnés par la putréfaction, & qu'enfin votre sensibilité seroit évanouie avec la vie. Dans cette hypothèse, qu'étiez-vous l'instant d'avant votre mort ? Un corps qui étoit dans telle situation, & qui en conséquence avoit telle pensée. Qu'êtes-vous l'instant d'après votre mort ? Un corps dans certaine

autre situation, & qui conséquemment doit avoir certaine autre
idée. Je laisse les élémens que la
fermentation enleve à votre cadavre; il est toujours sûr que ce qui
reste est vous se trouve dans des
situations variées qui se succedent
sans fin, & conséquemment pense
de mille manieres différentes.
Vous êtes donc encore sensible,
& malheureusement pour vous,
car tout ce qui se passe alors tend
à votre destruction; il n'en peut
résulter qu'une foule de sensations
douloureuses, un abyme de tour-
mens & de supplices atroces. Je
ne suivrai pas plus loin cette idée,
je suis effrayé des absurdités &

des contradictions sans nombre où elle conduiroit.

Je ne sçais d'ailleurs quel parti on tireroit des pensées des atômes dépendantes de leurs configurations. Plus j'y réfléchis, moins je vois par quelles combinaisons on en pourroit faire naître ce principe qui, dans nous, apperçoit, raisonne & agit.

Si vous supposez que les élémens ont des pensées en conséquence de leur forme, il faut que vous conveniez que tel atôme aura telle pensée, tant qu'il aura telle figure. Mais prenez garde, un élément ne peut changer de configuration ; car, pour qu'il en changeât, il faudroit qu'il survînt du mouvement dans lui-même, du mouvement interne, & c'est ce qu'on n'y peut admettre. Ainsi, 1°. chaque élément conservera la même idée, tant qu'il existera, & cette idée unique & permanente sera aussi immuable que lui-même. 2°. Les élémens ne sont pas moins les mêmes & toujours inaltérables séparément & à part, que conjointement & combinés dans les corps. Ainsi l'atôme qui s'engage par exemple dans la formation d'un homme au moment de la conception, ne pense point autrement qu'il ne pensoit le moment d'auparavant. 3°. Ce même atôme ne ne pourra pas communiquer fa penfée à fon voifin, car celui-ci n'eft pas plus fufceptible d'altéra-tion que lui, & comme lui il a fa penfée unique, permanente & immuable. 4°. Il en eft de même de tous les autres, & l'homme que nous formons ainfi ne fera jamais qu'un amas informe d'élémens penfans chacun en particulier, fans aucune réunion d'idées à laquelle nous puiffions reconnoî-tre l'ame.

A quoi bon donc cette penfée unique & invariable dans chaque élément ? Je ne penfe pas qu'on puiffe imaginer une plus grande inutilité dans la nature : ne fut-ce

que par cet endroit, toute philosophie rejettera son existence.

Dira-t-on enfin, que la faculté
de penser dont on suppose la matiere pourvue, s'exerce indépendamment du mouvement & de la
forme du corps pensant? En ce cas,
tout ce qui se passe de physique,
soit au dedans, soit au dehors de
ce corps, est incapable de faire la
moindre impression sur son intelligence. Les fibres ont beau jouer
intérieurement dans le corps humain, les objets des sens ont beau
agir extérieurement, il ne survien-
dra pas la moindre idée à cette
occasion. Que ces fibres & ces
objets restent dans une inaction

totale, il ne se perdra pas pour cela une seule pensée. Le corps médite à part, sans tenir à rien de tout cela. Il méditeroit immobile en tout point ; seul dans toute la nature, il verroit ce qu'il voit, entendroit ce qu'il entend, quoi-qu'il n'y eût rien à voir, rien à entendre.

Je suppose (car je cherche au-tant qu'il est en moi dans les der-niers détours de la physique & de la métaphysique, & je ne vois rien qui puisse effleurer nos maximes) je suppose que chaque élément pense, & que ses pensées varient ; voyons ce qu'il doit en résulter dans les composés. Soit un tout

composé de trois élémens *A. B. C.*
si *A* apperçoit un des côtés d'un
triangle, si *B* apperçoit un des
autres côtés, & *C* le troisiéme ; le
tout ou le composé d'*A. B. C.* ne
doit-il pas appercevoir le triangle
entier ?

Cela ne peut être. Si *A* apperçoit une ligne, *B* une autre, *C* une
troisieme, je ne vois dans *A. B. C.*,
ou dans le tout, que trois perceptions de lignes, & point du tout la
perception d'une figure formée
par ces trois lignes. Car cette perception ne se trouve ni dans *A.* ni
dans *B.* ni dans *C.* ni par conséquent dans le tout. Il faudroit
pour cela que les élémens eussent

la faculté de se faire passer mutuellement leurs pensées, & nous avons démontré que cela est impossible.

Allons plus loin encore, supposons que les élémens peuvent se communiquer réciproquement leurs perceptions. En ce cas, outre sa perception, *A* auroit celles de *B* & *C*. *B* auroit celles de *A* & *C*. *C* celles de *A* & *B*. Mais dès-lors il y auroit dans le tout, non seulement la perception d'un triangle, mais encore trois perceptions de trois triangles. Qu'on suive cette idée, & qu'on l'applique aux êtres organiques vivans & à l'homme, il en va résulter des monstres métaphysiques.

Abandonnons des principes &
des conséquences qui heurtent si
manifestement ce que nous con-
noissons de plus évident; & disons
encore une fois pour toutes, que
les élémens étant absolument in-
variables, sont absoulüment incapables, & de penser, & de former
des corps pensans.

§. X.

Confidérations fur les Monades.

Sı les hommes étoient tellement
conformés que leur intelligence
fût dirigée vers les êtres fpirituels,
comme elle l'eft actuellement vers
les êtres matériels, ils auroient
autant de connoiffances fur la nature des éfprit , qu'ils en ont aujourd'hui fur la nature des corps ;
& ils auroient fur la matiere & fur
les corps, des idées auffi obfcures
que celles qu'ils ont aujourd'hui
fur l'immatérialité & les efprits.
Pour lors en venant à s'examiner

eux-mêmes, & à considérer leur
propre essence, ils se trouveroient
tout aussi embarrassés qu'ils le sont
actuellement, parcequeleurs idées
seroient tout aussi incomplettes.
Les uns affirmeroient une chose,
les autres en affirmeroient une
autre, & il ne manqueroit pas de
s'en trouver qui ne prenant parti
ni pour ni contre, resteroient dans
le doute. Mais ce qu'il y a de singulier, c'est que ce qui est clair
aujourd'hui étant alors obscur,
& ce qui est obscur étant devenu
clair, les vérités & les erreurs seroient dans un ordre renversé.

Actuellement on dit « Com-
« bien de propriétés des corps

» n'ignorons-nous pas ? Que de
» facultés nous leur refufons mal
» à propos, fous prétexte que nous
» ne les appercevons point ! Nous
» ne voyons point, par exemple,
» comment certains corps pour-
» roient penfer ; il eft pourtant
» probable qu'ils penfent : & ces
» ames immatérielles que nous
» imaginons comme principes de
» nos penfées, pourroient bien
» n'être que des fantômes que
» l'imagination forme & que la
» raifon détruit. «

Alors on diroit : » Nous avons
» bien quelque connoiffance fur
» la nature des efprits, mais il ne
» nous eft pas donné de les appro-

» fondir entiérement. Sans doute
» nous ignorons la plus grande
» partie de leurs facultés. Ces effets
» qu'on remarque dans nous, &
» qu'on attribue à je ne sçais quelle
» substance non-spirituelle, que
» nous imaginons faire partie de
» notre être, pourroient bien éma-
» ner de quelque propriété cachée
» de l'esprit ; il y a toute apparence
» que nous sommes purement spi-
» rituels ; & de corps prétendu,
» qu'on croit uni à notre ame,
» pourroit bien n'être qu'une chi-
» mere. »

Au lieu qu'il se trouve actuellement des gens qui nient qu'il y ait
dans nous une substance spirituelle,

tuelle, il s'en trouveroit donc
alors qui nieroient qu'il y eût une
fubftance matérielle ; & autant
que l'exiftence des corps nous
paroît claire, & celle des efprits
obfcure, autant l'exiftence des
efprits nous paroîtroit alors ma-
nifefte, & celle des corps abftrufe
& incertaine.

Mais quoi ! n'eft-il pas arrivé
quelque chofe de femblable ? Ne
s'eft-il pas trouvé des philofophes
qui ont nié l'exiftence de la matiere & des corps, & n'ont admis
dans la nature que des fubftances
fpirituelles ? Le fyftême des Monades, entr'autres, ne panche-t-il
pas manifeftement de ce côté-là ?

Partie I.   N

Tandis qu'un matérialiste rejette la spiritualité de l'ame, parce qu'il ne comprend pas comment quelque chose qui ne seroit pas étendu pourroit exister, un monadiste nie la matérialité de quoi que ce soit, parce qu'il ne comprend pas comment l'étendue seroit possible.

Je dirai deux mots de cette hypothèse, peut-être la plus hardie qui ait jamais tombé dans l'esprit humain. »Les composés, dit-on, sont formés de substances »simples, par-là même qu'ils sont »composés. Ces substances, nous »les appellons Monades.

»Puisque les Monades sont des »êtres simples, elles n'ont point

»de parties, point d'étendue,
» point de figure; elles n'occupent
» point d'espace, & ne sçauroient
» se mouvoir.

» Les Monades ne peuvent don-
» ner aux composés ce qu'elles
» n'ont pas. Ainsi dans l'univers
» il n'existe rien d'étendu, rien de
» figuré, rien qui occupe un espace,
» ni qui puisse se mouvoir. Tout
» cela n'est que phénomene & ap-
» parence, tout cela est imaginaire.

» Ces phénomenes, ces appa-
» rences, ont leur raison dans les
» êtres simples & leurs rapports,
» car rien n'est sans *raison suffi-*
» *sante.* En voici un exemple : on
» ne peut appercevoir plusieurs

N ij

» Monades, qu'on ne les diſtingue ;
» on ne peut les diſtinguer, qu'on
» ne ſe les repréſente les unes hors
» des autres ; de-là l'apparence de
» l'étendue, mais dans le fond il
» n'eſt point d'étendue.

     » Tout ce qui eſt créé eſt ſujet
» au changement, les phénomenes
» nous en convainquent, donc les
» Monades changent. Le prin-
» cipe de ce changement ſe trouve
» dans elles-mêmes ; car comme
» elles n'ont point de parties, elles
» ne peuvent agir les unes ſur les
» autres, elles ſont en quelque
» ſorte iſolées. Chaque Monade a
» donc une force active, par la-
» quelle elle agit ſur elle-même &
» opere ſes changemens,

» Ces changemens produisent
» des perceptions dans les Mona-
» des. La connoiſſance de ce qui
» ſe paſſe dans notre ame, qui
» n'eſt autre choſe qu'une Monade,
» nous conduit à cette vérité.

» Puiſqu'une Monade opere elle-
» même ſes changemens & ſes per-
» ceptions, ſans que rien d'exté-
» rieur l'affecte ; les rapports qui ſe
» trouvent entre les réalités & ces
» perceptions, ne peuvent procé-
» der que d'une *harmonie prééta-*
» *blie*, en vertu de laquelle ce qui
» ſe paſſe dans les Monades corres-
» pond aux perceptions de chacune
» d'entr'elles.

Tels ſont les principaux fondemens de ce fyftême. Quoique les Monadiftes ayent été accablés d'objections, je leur en ferai encore quelques-unes.

Le corps eft compofé, dites-vous ; donc il exifte des êtres fimples qui le compofent.

Si par cette expreffion, *le corps,* vous entendez un agrégat de Monades, votre raifonnement fe réduit à celui-ci ; le corps eft une collection d'êtres fimples, donc il eft formé d'êtres fimples ; vous fuppofez ce qui eft en queftion.

Si par cette même expreffion, *le corps,* vous entendez comme tout le monde, une étendue folide ; vous avez à prouver qu'une telle étendue n'exiſte point. Le faites-vous en diſant que les corps étant compoſés doivent ſe réſoudre en être ſimples qui n'ayent point de parties, qui n'occupent point d'eſpace, qui ne puiſſent former rien d'étendu ? Je le nie, & je dis que la ſubſtance des corps ſe diviſera ſans fin en ſubſtance, parce qu'elle eſt ſubſtance ; en ſubſtance ſolide, parce qu'elle eſt ſubſtance ſolide ; enfin en ſubſtance ſolide & étendue, parce qu'elle eſt tout cela, & que c'eſt ſon eſſence. Voilà une vérité que je verrai clairement, même en me perdant dans l'abyme de la diviſion à l'infini.

N iv

Si donc vous supposez une fois l'étendue solide, vous ne pouvez plus vous en débarrasser; & si vous ne la supposez pas, pour la détruire ensuite, vous ne pouvez prouver l'existence de vos Monades, vous ne faites que proposer un système.

Il se rencontre de grandes difficultés dans toute autre opinion, il s'en rencontre encore de plus grandes dans la vôtre. Celles qu'on veut éviter, on les retrouve sous une autre face dans votre hypothèse, & cent autres naissent du fond de cette hypothèse même. Par exemple, nous nous perdons dans l'infini, mais vous en démêlez-vous mieux que nous?

Je ne peux, dites-vous, appercevoir les êtres simples que je ne
les distingue, je ne peux les distinguer que je ne me les représente
les uns hors des autres, de-là
l'apparence de l'étendue. Je le
suppose, & je raisonne en conséquence : où l'apparence de l'é-
tendue solide se présente, il y a
nécessairement pluralité ou agrégat de Monades. Je ne dois pas
dire, mon doigt est une masse
osseuse, charnue, & allongée,
tout cela n'est qu'apparence; mais
je peux dire, mon doigt est un
agrégat de Monades, car il four-
nit l'apparence de l'étendue. Mais
cette apparence de l'étendue de

mon doigt pourroit l'être d'une étendue mille fois, un million de fois, une infinité de fois plus petite; car dès que c'est apparence d'un corps, elle peut l'être, sans fin, d'un plus petit. Je ne peux donc imaginer aucune portion de mon doigt, si petite qu'elle soit, que je n'y trouve à l'infini d'autres portions toujours plus petites les unes que les autres. Donc il y a une infinité d'agrégats différens qui répondent à cette infinité d'é-tendues apparentes ou apperce-vables. Donc il y a une infinité actuelle de Monades qui compo-sent mon doigt, une autre plus petite infinité qui en compose la moitié, une autre encore plus petite qui compofe l'ongle : fans trouver aucun terme, on defcendra par cette voie vers l'infiniment petit. Donc il y a une infinité actuelle de Monades qui compofe ma main, une autre plus grande qui compofe mon corps, une autre encore plus grande qui compofe une montagne : fans trouver aucun terme, on s'élevera par cette voie vers l'infiniment grand. De part & d'autre on fe perd.

Un atôme eft appercevable ; fi nous ne le voyons pas, c'eft la faute de nos organes ; & s'il nous étoit donné de le voir, nous y remarquerions de l'étendue. En est-il de même d'une Monade ? Si elle n'est pas appercevable, deux ne le feront pas davantage, ni mille, ni la totalité. Leurs rapports ne le feront pas non plus; car comment appercevroit-on des rapports entre des choses qu'on n'appercevroit pas ?

Si une Monade peut être apperçue, qu'on dise sous quelle apparence. Seroit-ce sous celle de l'étendue ? Non, car pourquoi appercevroit-on comme étendu ce qui seroit dépourvu d'étendue ; on auroit peine, je pense, à en indiquer une *raison suffisante*. D'ailleurs, il faudroit effacer de

la Monadologie ce fameux principe : » Que l'étendue est un phé-
» nomene qui procede de notre
» maniere d'appercevoir plusieurs
» Monades : « Il n'est ici question
que d'une Monade qui en apperçoit une autre, ou qui s'apperçoit
elle-même.

Une Monade est-elle appercevable sans aucune apparence d'é-
tendue ? En ce cas je pourrois
sans cette apparence en appercevoir plusieurs, je pourrois sans
cette même apparence les distinguer les unes des autres. Selon
M. Leibnitz, il est impossible que
deux Monades se ressemblent parfaitement. Qui m'empêcheroit de

saisir leurs différences, & de les distinguer ainsi, sans le secours du phénomene de l'étendue ? Tout nous porte à croire que telles seroient nos perceptions, si tout étoit Monades : sans doute il n'existeroit d'étendue, ni en réalité, ni en apparence.

La substance des Monades est-elle solide ou pénétrable ? Si elles sont solides, elles sont nécessairement les unes hors des autres, car l'une ne pourroit être où est l'autre. Si elles sont pénétrables, pourquoi le sont-elles ? ce qui est pénétrable pourroit ne le pas être, & ce seroit un solide. Si elles ne sont ni pénétrables ni impénétrables, que font-elles ? N'eſt-ce pas comme ſi l'on diſoit qu'elles ne ſont ni étendues, ni inétendues, ni en repos, ni en mouvement ? La pénétrabilité ou l'impénétrabilité appartiennent à tout être, étendu ou non. En effet, ou bien une ſubſtance quelconque peut en admettre une autre du même genre, & une autre encore, & ſans fin une autre ; ou elle exiſte ſolitairement, & ne peut en admettre aucune du même genre : dans le premier cas la ſubſtance eſt pénétrable, elle eſt impénétrable dans le ſecond.

Les Monades n'ont point de parties. Vous concluez, donc une

Monade ne peut agir sur une autre. Je conclus aussi, donc elle
ne peut agir sur elle-même, donc
elle n'a aucune force active. Si
elle agit sur elle-même, quoiqu'elle n'ait point de parties ;
pourquoi n'agira-t-elle pas sur une
autre, quoique cette autre n'en
ait pas non plus ?

Je suis autant à portée des objets
que j'imagine les plus éloignés de
moi, que de ceux que j'imagine
le plus près ; car ce plus près &
ce plus loin ne font qu'apparence,
dans la réalité rien n'est hors l'un
de l'autre. Pourquoi donc apper-
çois-je plutôt ceux-ci que ceux-là ?
& si je n'apperçois rien que mes
perneptions,

perceptions, pourquoi ai-je plutôt une perception qu'une autre ?
Si je fuis comme feul & ifolé dans
toute la nature, rien n'agit fur
moi ; qui peut donc déterminer
mes perceptions ? qui a déterminé
la premiere, la centiéme, la mil-
liéme que j'ai eue, & celle que j'ai
actuellement ? Suis-je comme un
automate, dont le changement actuel naiffe de celui qui a précédé,
& produife celui qui doit fuivre ?

Une Monade eft où elle eft.
Par ce terme, *où elle eft,* il ne
faut pas entendre un efpace occupé par les Monades, ces êtres
fimples n'en occupent point; à cela
près qu'on entende ce qu'on pour-

ra, il eſt toujours ſûr que ce qui exiſte eſt où il eſt. Je demande maintenant ſi la Monade *A* eſt où eſt la Monade *B*. S'il en eſt ainſi, les Monades ſont pénétrables ; pourquoi ne ſont-elles pas ſolides? Quelles qu'elles ſoient, *A* peut fort bien n'être pas où eſt *B*. Le nieriez-vous ſous prétexte qu'il n'eſt point de lieu? Qui vous parle de lieu ? Il s'agit d'êtres qui n'en occupent point, qui ſont ſeulement où ils ſont, & dont l'un, par cette raiſon même, peut être où l'autre n'eſt pas. Si *A* n'eſt point où eſt *B*, il eſt ailleurs ; s'il eſt ailleurs, il peut être éloigné d'une toiſe, par exemple, & voilà l'eſ-

pace qui se présente malgré vous
& moi. Il n'y a point de lieu occupé par les êtres simples, il y a
pourtant distance entre ces êtres.
Je laisse les conséquences.

Rejetter les corps, & dire qu'il
n'existe que des êtres inétendus
ou des esprits; rejetter les esprits
ou les êtres inétendus, & dire
qu'il n'existe que des corps, voilà
deux excès : le plus raisonnable
est, sans doute, de tenir le milieu;
& tenir le milieu, c'est admettre
des esprits & des corps.

§. XI.

Examen du Systême de la Nature, *par M. de Maupertuis. systême soutenu en forme de thèse à Erlangen, par le docteur Baumann.*

En ôtant la sensibilité & la pensée aux atômes, nous avons sapé les fondemens sur lesquels M. de Maupertuis a bâti son *Systême de la Nature*. Selon lui, chaque élément a des pensées, & forme des desirs. C'est d'après ce principe qu'il explique tout & spécialement la formation des êtres organiques, si c'est expliquer que de supposer des causes beaucoup plus incompréhensibles que les effets qu'on leur fait produire. Voici une idée de ce système.

Imaginez des parcelles élémentaires extraites de toutes les parties du corps d'un animal quelconque, & recueillies pêle-mêle dans une assez petite quantité de fluide ; c'est la liqueur séminale, le principe des générations. Imaginez de plus, qu'au moment de la conception ces élémens s'unissent avec ordre, & prennent le même arrangement qu'ils avoient eu dans l'animal dont ils sont émanés ; c'est, ajoute-t-on, le secret de la génération.

Mais comment & pourquoi des élémens confondus les uns parmi les autres, reprennent-ils avec tant de précision l'ordre & l'arrangement qu'ils ont eu jadis : voilà la difficulté. On a cru que ce myftere cefferoit d'en être un, fi les parcelles élémentaires étoient fufceptibles de fentiment & d'intelligence. Il ne refteroit plus qu'à attribuer tout au fouvenir qu'elles conferveroient de leurs anciennes unions, & aux defirs qu'elles auroient d'en former de femblables.

On a donc franchi le pas, & nos hardis philofophes ont pris leur parti : les corps les plus brutes, les mixtes & les élémens, tout

penſe, deſire, a de l'averſion, &
agit en conſéquence.

Nous ſçavons ce que nous devons penſer à cet égard ; mais en
accordant aux élémens du ſentiment, de l'intelligence, tout ce
qu'on voudra, je dis qu'on ne peut
même en attendre les effets qu'on
ſe propoſe.

Premiérement, ces élémens ne
peuvent ſe ſouvenir de leurs anciennes liaiſons. Pour qu'un atôme ſe ſouvînt d'avoir été uni à
un autre atôme, il faudroit qu'au
temps de l'union il eût penſé à *ſoi*
& à cet autre ; & cela n'a pu être
ſelon notre philoſophe même. Car
ſelon lui, dès que deux élémens

sont unis, ils perdent le sentiment du *soi*, pour ne plus faire qu'un tout pensant en commun : ce sentiment ne leur est rendu qu'après la séparation. L'un n'aura donc jamais aucune idée de l'autre, ni de leur ancienne union.

Faisons plus, supposons que les élémens séparés se souviennent de leurs anciennes liaisons, & desirent de les renouveller ; je dis encore qu'avec tout cela ils ne peuvent former de nouveaux corps organisés. Suivant le système, les élémens ne peuvent se connoître réciproquement, que par le moyen de la contiguité, de l'attouchement, de l'union. Mais les parcelles qui nagent dans la liqueur féminale, font en fi petite quantité, qu'elles doivent néceffairement avoir été détachées de dif8férens endroits du corps bien éloignés les uns des autres ; peut-être n'y en a-t-il pas trois qui fe foient touchées immédiatement. Toutes ces parcelles ne fe font donc jamais connues, & ne doivent penfer à rien moins qu'à fe réunir pour former de nouveaux corps organiques.

D'un autre côté, il ne fuffit pas que les atômes forment des defirs, il faut encore qu'ils les accompliffent ; & comment le pourroient-ils ? Que deux élémens fe

trouvent à une ligne l'un de l'autre, & defirent de fe joindre ;
quelle puiffance les approchera,
quelle vertu les attirera mutuellement ? Seroit-ce l'attraction,
derniere & ordinaire reffource ?
En ce cas, il faut en admettre
une dont les loix foient telles
qu'elles répondent exactement
aux defirs des élémens ; & dès-
lors on n'a plus befoin de ces
defirs même, l'attraction en tien-
dra lieu & fuffira pour tout arranger.

On dira, peut-être, qu'au moment de la fécondation, il peut
furvenir un mouvement inteftin
qui approche en mille manieres

ces parcelles les unes des autres,
& les mette à portée de s'unir conformément à leurs desirs. C'est
éluder la difficulté, non pas la
résoudre. Un élément desire de
s'unir à un autre, certain mouvement les approche, ils se touchent ; mais ce n'est pas assez, il
faut qu'il survienne encore une
cohésion, une force qui les tienne
unis ; & ni le desir des atômes, ni
le mouvement qui les met à portée les uns des autres, ni le repos
qui succede à l'approchement, ne
peuvent former ce lien. Il faut
donc avoir recours aux causes gé-
nérales & particulieres de la cohésion ; & pour expliquer pour-

quoi une parcelle reste attachée à celle qu'elle desire, & non pas à une autre, il faut dire que les causes de cette cohésion variées à l'infini, correspondent exactement aux desirs des élémens ; mais dès-lors encore ces causes pourront tenir lieu de ces desirs.

Si l'on n'avoit point d'autre fruit à retirer de cette hypothèse, ce n'étoit pas la peine de faire penser la matiere, ni de faire raisonner les atômes.

§. XII.

*Examen de la réfutation du Syſtême de la Nature, par M.***.*

VOILA en deux mots le fort & le foible du *Syſtême de la Nature.* Un de nos plus célebres philoſophes l'a auſſi attaqué, mais par d'autres raiſons.

I.

Nous ſommes ſurpris, dit-il, que l'Auteur n'ait pas apperçu les terribles conféquences de ſon hypothèſe; ou que, s'il a apperçu les conféquences, il n'ait pas abandonné l'hypothèſe. Je lui demande,

si l'univers, ou la collection géné-
nérale de tous les molécules fenfibles & penfantes, forme un tout,
ou non. S'il me répond, qu'elles
ne forment point un tout, il ébran-
lera, d'un feul mot, l'exiftence de
Dieu, en introduifant le défordre
dans la nature, & il détruira la
bafe de la philofophie, en rompant
la chaîne qui lie tous les êtres.

Si l'on entend que tout fe cor-
refpond dans la nature, & que rien
n'eft ifolé, on a raifon ; & en ce
fens l'univers forme un tout. Je
ne fçais fi celui qui nieroit cette
vérité, attaqueroit l'exiftence de
Dieu, il eft sûr qu'il attaqueroit
une maxime philofophique ad-

mise de tous les temps. Mais si l'on entend cette dépendance mutuelle, si fort chantée par un poëte philosophe de nos jours, dépendance entre toutes les parties, telle que l'une ne puisse subsister sans l'autre, & que si la moindre venoit à manquer, ou à être autrement qu'elle n'est, tout rentreroit dans le cahos, on a tort; & en ce sens l'univers ne forme point un tout.

Saisissons la premiere observation qui se présente à notre esprit quand nous contemplons la nature. Nous appercevons d'abord deux regnes, un organique qui est composé d'individus & qui s'étend depuis la plante jusqu'à l'homme, un brute qui comprend tous les autres corps naturels. Qu'on imagine qu'en ce moment tout le regne organique est détruit. Les minéraux s'en formeront-ils moins dans les entrailles de la terre, les ruisseaux & les fleuves suivront-ils moins la pente qui les emporte, le flux & le reflux n'aura-t-il plus lieu, le globe entier cessera-t-il de rouler sur son axe ? Que la végétation s'arrête & cesse pareillement sur tous les autres globes du monde, supposé qu'elle y existe ; la plus belle partie de l'univers aura disparu, & à cela près l'univers restera, sans qu'il y

survienne

survienne le moindre désordre. Je compare les êtres brutes au corps d'une horloge, & les êtres organiques à la sonnerie : la sonnerie ne peut aller sans le corps de l'horloge ; mais celui-ci peut aller sans la sonnerie.

Vous ne voyez pas, dira-t-on, par où le regne organique est nécessaire à tout le reste. Non assurément, je ne le vois pas ; mais qui le voit mieux que moi ? Seroit-ce ceux qui imaginent qu'il étoit de la sagesse infinie du Créateur, de former l'univers de pieces différentes, dont la moindre fût essentielle au tout ? Deux mécaniciens présentent les mêmes phé nomenes, avec la même quantité de matériaux; mais l'une des deux machines se briseroit en entier si la moindre parcelle venoit à manquer; l'autre iroit encore en partie, quand on en retrancheroit beaucoup de choses : laquelle annonce le plus d'habileté dans l'ouvrier? Dira-t-on qu'un univers dans le goût de la seconde machine, étoit impossible à Dieu?

II.

Si le docteur Baumann convient que l'univers est un tout, où les élémens ne font pas moins ordonnés que les portions, ou réellement distinctes, ou seulement intelligi-

bles, le font dans un élément, &
les élémens dans un animal ; il
faudra qu'il avoue qu'en conféquence de cette copulation univerfelle, le monde, femblable à un grand
animal, a une ame ; que le monde
pouvant être infini, cette ame du
monde, je ne dis pas eft, mais peut
être un fyftême infini de perceptions, & que le monde peut être
Dieu.

Quoique les élémens qui compofent les refforts d'une montre
foient fenfibles & penfans, felon
le docteur, quoique ces refforts
fe correfpondent & forment un
tout qu'on appelle montre ; on ne
dira pourtant pas que de la collec-

tion des idées de ces élémens, il
réfulte une ame ; une montre n'eft
point un animal. De même quand
des élémens penfans formeroient
ce tout que nous appellons monde,
il ne s'enfuivroit pas qu'ils lui
donnaſſent une ame ; & non plus
qu'une montre, l'univers ne feroit
point un animal.

Mais le monde feroit animé que
je ne vois pas encore pourquoi on
lui accorderoit les attributs de la
Divinité. De ce qu'il feroit compofé d'un nombre infini d'atômes
penfans, concluroit-on, par exemple, qu'il feroit infiniment intelli-
gent ? De ce que la baleine renfer-
meroit incomparablement plus de

matiere penfante, que l'homme ou la fourmi, conclura-t-on qu'elle eft incomparablement plus intelligente que l'un & l'autre ? Si la terre eft un animal (& pourquoi non, fi le monde en eft un), quelle preuve a-t-on qu'elle ait plus d'intelligence qu'un ciron ? Quelle preuve a-t-on que l'univers en ait plus que la terre?

Il eft sûr au contraire que fi l'univers eft animé, c'eft le plus ftupide des animaux. Ni vous, ni moi, ni aucun être organique penfant, nous n'en fçaurions pas davantage qu'un enfant qui n'eft pas encore né, fi nous ne recevions des connoiffances du dehors & à

l'occasion des objets extérieurs.
Mais ce vaste animal que nous
nommons univers n'en peut recevoir de cette espece : car à son
égard il n'y a point d'objets au
dehors, s'il est fini ; & s'il est infini,
il n'a point de dehors.

Dira-t on que nos ames, telles
qu'elles sont, & avec toutes leurs
idées, entrent dans la composition
de celle de l'univers ? Cela ne se
peut ; car dès-lors ces ames per-
droient le sentiment du *soi*, &
elles ne l'ont certainement pas
perdu.

Je ne sçais pas même sur quoi
on se fonderoit, pour dire que les
idées des élémens dont nous se-

rions compofés, concoureroient pour former l'ame univerfelle ; car ces idées concourent, dit-on, pour former la nôtre ; & comme on voit, les nôtres ne peuvent concourir pour former celle de l'univers.

III.

Mais quoique nous rejettions les idées du docteur Baumann, nous aurions bien mal conçu l'obfcurité des phénomenes qu'il s'étoit propofé d'expliquer. la fécondité de fon hypothèfe, les conféquences furprenantes qu'on en peut tirer, le mérite des conjectures nouvelles fur un fujet dont fe font occupés les premiers hommes dans tous les

*fiécles, & la difficulté de combattre
les fiennes avec fuccès, fi nous ne
lés regardions comme le fruit d'uné
méditation profondé, uné entreprife
hardie fur le fyftême univerfel de
la nature, & la tentative d'un
grand philofophe.*

On a demandé pourquoi des
élémens qui fe trouvent à portée
s'uniffent & fe combinent en ob-
fervant certaines loix. Les uns ont
dit, c'eft que ces élémens font en-
vironnés d'un fluide qui les preffe
l'un vers l'autre & les unit, & qui
d'autrefois fe gliffe entr'eux & les
fépare. D'autres ont dit, c'eft que
certaine analogie, certaine puiffance cachée les raffemble ou les

fépare dans un certain ordre. Le docteur Baumann eſt venu & a dit : C'eſt que les élémens ont du ſentiment, des deſirs & de l'averſion. Celui-ci dit le moins de tous ; car quand on lui aura paſſé que les atômes deſirent de s'unir, on lui demandera encore comment ils peuvent s'unir & pourquoi ils reſtent unis. Pour expliquer une choſe qu'on ne comprend point, ce philoſophe en ſuppoſe une autre qu'on comprend encore moins ; & après qu'il l'a ſuppoſée, il ne peut rien expliquer,

IV.

Si le docteur Baumann eût ren-

fermé son système dans de justes bornes, & n'eût appliqué ses idées qu'à la formation des animaux, sans les étendre à la nature de l'ame, d'où je crois avoir démontré contre lui qu'on pouvoit les porter jusqu'à l'existence de Dieu; il ne se seroit point précipité dans l'espece de matérialisme la plus séduisante, en attribuant aux molécules organiques le desir, l'aversion, le sentiment & la pensée. Il falloit se contenter d'y supposer une sensibilité mille fois moindre que celle que le Tout-puissant a accordée aux animaux les plus stupides & les plus voisins de la matiere morte. En conséquence de cette sensibilité

*sourde & de la différence des confi-
gurations, il n'y auroit eu pour
une molécule organique quelconque
qu'une situation la plus commode
de toutes, qu'elle auroit sans cesse
cherchée par une inquiétude automate, comme il arrive aux animaux de s'agiter dans le sommeil,
lorsque l'usage de presque toutes
leurs facultés est suspendu, jusqu'à
ce qu'ils aient trouvé la disposition
la plus convenable au repos. Ce seul
principe eut satisfait d'une maniere
assez simple & sans aucune conséquence dangereuse, aux phénomenes
qu'il se proposoit d'expliquer, &
à ces merveilles sans nombre qui
tiennent si stupéfaits tous nos ob-*

servateurs d'insectes. Et il eût défini l'animal en général, un sistême de différentes molécules organiques qui, par l'impulsion d'une sensation semblable à celle d'un toucher obtus & sourd que celui qui a créé la matiere leur a donné, se sont combinées jusqu'à ce que chacune ait rencontré la place la plus convenable à sa figure & à son repos.

Ici l'Auteur ne parle plus d'élémens, mais de molécules organiques. Prend-t-il ces termes pour synonymes & entend-t-il toujours les atômes? Je ne puis le croire. Qui jamais a ouï parler d'atômes organisés? De quoi seroient composés ces organes ? Quel nom donner aux parcelles qui les composeroient ? Par molécule organique, on veut certainement dire un mixte, un composé d'élémens; autres sources d'obscurités & d'embarras. En accordant des organes & du sentiment à des mixtes de cette nature, on ne manquera pas de conclure que ce sont des êtres vivans qui ont leurs figures, leurs parties, leurs sens; en un mot que ce sont de véritables animaux, ou il n'en est point. Que penser de ces animaux singuliers ? Sont-ils indestructibles & immortels ? Oui, car ce sont les principes des corps organisés, &

les principes des corps sont indeſ-
tructibles. Non, car ils sont compoſés d'organes, & tout ce qui eſt
compoſé eſt deſtructible. Comment sont-ils indiſſolubles, s'ils
ont des parties ? Et s'ils sont diſſo-
lubles & périſſables, par quelles
voies se reproduiſent-ils ? On dit
qu'un poiſſon, un oiſeau, un qua-
drupede eſt compoſé d'une infinité
de petits animaux principes, &
c'eſt par-là qu'on prétend expliquer leur génération ; mais ces
animalcules, comment expliquer
la leur ? Avec un ſi grand effort
d'imagination on n'a fait que tranſ-
poſer la difficulté ; encore laiſſe-
t-on dans l'obſcurité le phéno-

mene principal. On ne comprendra jamais comment cette multitude énorme de petits animaux pourront s'arranger avec tant d'harmonie, comment par leur assemblage ils ne formeront plus qu'un seul & unique animal, comment toutes leurs ames combinées n'en feront qu'une.

Mais quoi ! en admettant ce fyftême comme poffible, notre philofophe ne voit-il pas qu'il tombe lui-même dans l'inconvénient qu'il reproche au docteur Baumann ? Selon notre Auteur, ne peut-on pas conjecturer que toutes les familles des animaux, fans en excepter celle des hom-

mes, ne procedent que d'un animal unique, primitif & prototype,
dont les générations se feront dif-
féremment modifiées dans le laps
des temps, & auront produit toutes les especes qui peuplent la
terre. L'homme est donc comme
les autres un descendant de ce
prototype, comme lui c'est un
composé d'un nombre infini de
petits animaux, & son ame n'est
que le résultat de toutes les ames
de ces animalcules réunies &
combinées.

Peut-être ne sera-t-on pas fâché
de trouver ici une esquisse de ce
systême singulier. A considérer
les animaux intérieurement depuis

le

le cœur jusqu'aux visceres, aux principales parties, aux dernieres ramifications des vaisseaux ; on trouve, dit-on, que tous se ressemblent. Ils ne different qu'en apparence & par une conformation extérieure qui ne tire point du tout à conséquence, & qu'on peut regarder comme nulle. Cette réflexion conduit à cette autre : puisque les animaux se ressemblent si fort, ils pourroient bien avoir la même origine, & sortir d'une souche commune. Cette souche seroit un animal prototype, dont toutes les lignées, produites successivement dans la durée des temps, auroient conservé la res-

I. Partie.　　　　Q

semblance réelle, & pris les différences apparentes, dont nous venons de parler. Telle pourroit
bien être l'origine de toutes les
familles d'animaux qui exiftent, à
les prendre depuis l'huitre jufqu'à
l'homme inclufivement. Voilà en
deux mots le fyftême des prototy-
piciens.

Mais ce prototype, de quoi a-
t-il été produit ? Ce n'a été ni
d'atômes penfans, ni d'atômes
non penfans : nous avons prouvé
que les premiers n'exiftent point ;
& les feconds ne peuvent non plus
produire un être penfant, que le
néant ne peut produire des atômes,
pour me fervir de la penfée de

M. Locke. Si ce furent des molécules organiques, des animalcules qui formerent ce prototype; qu'on commence donc par nous dire comment & de quoi ces animalcules eux-mêmes ont été fabriqués; & quand on nous l'aura dit, qu'on nous explique de quelle maniere plusieurs individus peuvent, en se combinant, n'en former qu'un seul qui agisse & pense pour tous les autres.

Quel rang veut-on que nous donnions dans la physique à ce prototype, cet être singulier qui a paru sur la terre on ne sçait quand ni comment, qui dans la suite a produit on ne sçait quoi, & dont

on veut que la lignée s'en retour-
ne, comme elle est venue, on ne
sçait où ?

Fin de la premiere Partie.